原野
收藏拾珍

◎王炳奎　著

文匯出版社

序

辛丑秋月，苏州河畔蝴蝶湾，湛蓝的天空显得格外晴朗，一片浓郁的秋天景色，河堤边高高的水杉、杨柳树叶被风吹得沙沙着响，似乎在鼓掌，悄悄地把喜讯传送。在喜庆党的百年华诞之际，继去年《原野收藏拾粹》出版后，“原野收藏”第四部新书又付梓了。古朴雅致、气韵生动的封面设计，昭示着一部有格调、有内涵的书。原野激情满怀，依然寄情收藏、笔耕不辍，经过拼搏、努力又完成了《原野收藏拾珍》的新作。新书编排的文章，全是最新耕耘的。

翻开新书，共收录了百篇文章。包括“游山玩石”“赏心悦木”“火土艺术”和“掌上把件”，涉及奇石、根艺、瓷陶和杂项四大类。奇石篇，《长江石·曹冲称象》的典故，让我们认识了母亲河长江，不仅孕育、承载着深厚的中华文明，还隐藏着珍贵的长江画面石，它演绎了富有魅力、不同凡响的新石种。根艺篇，《崖柏根书·家》浑然一体，含书法的笔韵和章法，古色古香，巧借天然，天人合一，是大自然赐予华夏的特色美妙的根书艺术。瓷陶篇，《紫砂·老方桌》造型素洁，结构简练，动静相宜、对比强烈，张力与内蓄浑然一体，线条和釉彩交相辉映，将主题烘托到了极致，再现了具有传统意义的家具旧貌，唤起人们回味民风淳朴、难以忘怀的过往岁月。杂项篇，如作者父亲留传的《鱼化龙•紫砂壶》，造型取诸中国传统寓意纹样，属于“龙鱼互变”的一种形式，古喻功成名就、蕴含金榜题名的理想。其历史渊源悠久，甚至可追溯到仰韶时期的半坡鱼彩图腾文化……凡此种种，图文并茂，文情并蓄，内容丰富。

新书除记载作者收藏中的趣闻轶事，还佐以藏品图片，显现作者丰富、充实的业余文化生活，同时透显出作者对艺术孜孜追求的高尚情操和执着精神。正如他2021年3月17日在《新民晚报》“夜光杯”上发表的《我母亲的故事》一文中所提到的：“我一生唯一爱好是艺术品收藏，2010年我退休后，已公开出版了三本关于收藏方面的著作。妈妈总能最理解我，我的‘宝贝’放在家里，她会主动帮我照料。五年前我在朵云轩‘会稽菖蒲金石展’购得的古砖附石•菖蒲，那块武定石原先光秃秃的，经她呵护喷洒浇水，现长满了青苔。八年前我在闵行一家花卉园购得一株龟甲龙植物，因成株后表皮有龟裂，宛如龟甲，被收藏家视作最爱，母亲非常理解儿子的心，每天悉心照料，从买回来仅7厘米的球径，现已长到17厘米，枝叶茂盛，煞是漂亮……”本书的出版，也是原野基于对母亲的深切怀念而努力赶写出来的。他在文章中还深情怀念道：“英国诗人赫伯特说道：‘一位好母亲抵得上一百个教师。’母亲的言行深深教育了我，报答母亲的养育之恩，是小辈义不容辞的责任。母亲没念过书，新中国成立后进了扫盲班，经她努力认识了一些字，并会简单地阅读报纸。为此，我每年坚持为她订一份《新民晚报》，每到晚上她会在台灯下阅读并养成习惯，有时台灯坏了，我会及时予以更换。每当她在报上发现有我的文章，便会抽出另存放好。”

古人说：“读书破万卷，下笔如有神。”意思就是一个人书读得多了，他的文章自然也就写得好了。好文章，是需要我们平时注重对知识的汲取和积累的，读书是非常重要的。因为一切书籍或文章都是社会生活的反映，当然读书也是认识生活、获得知识的主要途径之一。而且多读些书，尤其是大师们的作品，还可以学习到优秀语言和写作技巧，对于提高我们的写作是非常有益的。中国是一个有着五千多年历史底蕴的古老文明国家。收藏穿越时空，上承远古、下启当下，博大精深、精彩纷呈，每一类每一件旧物都蕴含诸多方面的学识与掌故，记载着先贤艺人的智慧与创造。热爱祖国绝不是一句空话。作为一名收藏爱好者，原野认为收藏也是一种爱国行动的具体表现。寻一件藏品，获一门知识，得一世情缘。任何一个热爱收藏的人都要不断地学习并加以实践，这是搞收藏的前提条件。

原野非常崇拜艺术家吴冠中的一句名言：“真正的幸福，不一定要去做惊天动地的事，而是守护自己的纯真之心懂得发现生命中的小美好，把每天的日子过成诗。”原野就是这样，做自己喜欢的事，快乐收藏。他痴迷收藏的同时写作也很勤奋，故我一直鼓励他将文稿汇编成书，从 2015 年《原野收藏拾趣》第一部书出版后，2018

年和2020年又相继出版了两部书，我为他第三部书作了序。令人钦佩的是他有持之以恒的精神，更可贵的是他有孝敬老人的中华美德，他身上的担子很重，其父2014年中风瘫痪后至今长期住院，他要在照顾父亲同时还要照顾在家九十多岁的老母亲。今年三月母亲不幸离去，他遭受了沉重打击，为表达对母亲的深切怀念，他夜以继日、奋笔疾书，在短短的四个月中，就完成了《原野收藏拾珍》全书的书稿工作。

天仪再始，岁律更新。不忘初心，方得始终。退休仅十余年的时间里，他已撰写了四部书。散发出油墨清香的《原野收藏拾珍》是一部文质兼美、情真词切的好书。今年又是党的百年华诞，原野是位党龄五十多年的老党员，据我了解他爱人也是一位老党员，在我们收藏界，夫妇都是老党员，而且都在廿周岁不到时候就光荣地加入了党组织的人，为数不多，在此由衷地向他们表示最美好的祝愿。同时，我们更能从原野的追求中看到：有一种情怀叫收藏。

谨此为序

吴少华识于辛丑小暑

载于《劳动报》2021年9月5日 第六版：风采
载于《新民晚报》2021年9月5日 第12版：夜光杯

目录

赏心悦木

火土艺术

掌上把件

游山玩石

墨石·闲趣

这件墨石时间很长了，那还是从江阴路花卉市场觅来的。石体虽小，造型却相当丰富，顶部有起伏的山峰，正面中间为凹进去的穹顶的天然山洞，石体周围有崎岖多变的洞隙、坡道、陡壁和悬崖。为了增强观赏效果，我专门请了一位专做红木的老师傅，配了一个鸡翅木随形底座。

经加工后的作品（连座）高 17 厘米，长 18 厘米，宽 16 厘米。我专门精选了石湾著名“迷雕”老艺人黎五妹的四人组下棋配上，似乎在清凉的山洞休闲下棋，有效地达到了天人合一、情景交融的意境。

柳州墨石，又名墨湖石，产于广西柳州市柳城县等地。墨石属碳酸钙沉积岩，硬度为 3—4 度，色黑似漆，间有白纹；外形通透玲珑，有“瘦、透、漏、皱”之自然形态，并叩而有声。

柳州墨石发现于上世纪六十年代末，通体墨黑。经清理后深黑油亮，浑厚沉凝，极富稳定感。常见的墨石多象形状物，也有不少石上多石眼和弹窝，极类似太湖石。造型美观，形象逼真，适合厅堂摆设。

《墨石·闲趣》是一件不可多得的景观石，虽然体量不大，但是它能带给你欢乐，带给你怡然自得的遐想。闲暇之时，把玩观赏，既是一种高雅的精神享受，也是艺术上的追求和陶冶。

长江石·曹冲称象

曹冲五六岁时，其知判能力如同成人。一次，孙权送来一头象，曹操想知道象的重量，问属下何以解决，属下都想不出好的办法。曹冲说："把象牵到船上，在水面达到地方做记号，再让船装载石头，称一下这些石头的重量，便能知道了。"曹冲实际是用"等量替换法"，以石替象解决了问题。于是，就有了"曹冲称象"长江石。

该石高 35 厘米（连座），长 44 厘米，宽 16 厘米，为一位徐姓藏友所有。那是二十多年前一次石展巧遇卖主，当时卖主以三千元价格卖给他。

长江石虽属普通的水冲石，但隐藏量却相当丰厚，种类繁多，颜色丰富，长江石硬度在 6—7 度，因为形成的年代久远，河道流域长，所以水洗度好，经地质变动、风化、水冲等作用，形成远古且皮老质坚，把玩手感极佳。

由于它的色彩多变，形态各异，形成的图案千姿百态，造型更显鬼斧神工，有人物风景、天象地貌、飞禽走兽、奇花异草，等等，成为赏石家族中不可多得的品种。

为弘扬传播海派文化，赏石文化和盆景文化的资源，开拓自然与人文交融的文创新空间。5 月 15 日，在号称“上海之根”的松江“云间粮仓文化创意产业园”，“2021 上海首届云间赏石盆景文化博览会”将隆重揭幕。

这是汇聚全国“石友盆友”和藏家携手共襄盛举。这是上海有史以来，规模最大、规格最高，“石友盆友”最多、最广的一次弘扬奇石、盆景文化，推动相关产业发展海派文化的盛会。届时，这方长江画面石“曹冲称象”将隆重推出，并与广大“石友盆友”见面。

（图片摄影：吴 勇）

载于《劳动报》2021年5月9日07风采版

《上海收藏家》2021年5月12日第三版

英石·回眸峰

这方英石是多年前我在曹安路花卉市场入口处的一个摊位上选购的，尽管石体不大，但婀娜多姿，我当即被它的形态深深地吸引了，最终以千元才从这位摊主手中收下了英石。

该石高 23 厘米（连座），长 23 厘米，宽 12.5 厘米。我从原藏宝楼二楼南通人觅得一块随形黑檀木，请师傅配了相应底座，并配以人物、小舟、小亭、山房、宝塔等微型摆件，一个峰峦叠嶂、嶙峋褶皱的自然，一幅古朴简约的山水画面映入眼帘。因该石峰头略为低头作回眸姿，峰峦重叠环绕，山路蜿蜒曲折，有峰回路转之意，故取名“回眸峰”。

英石又称英德石，属沉积岩中的石灰岩，主产于广东北江中游的英德山间。该地岩溶地貌发育较好，山石较易溶蚀风化，形成嶙峋褶皱之状；兼之日照充分、雨水充沛，暴热暴冷，山石易于崩落山谷中，经酸性土壤腐蚀后，呈现嵌空玲珑之态。英石本色为白色，因为风化及富含杂质(如金属矿物铜、铁等)而出现多色泽，有黑色、青灰、灰黑、浅绿等色，常见黑色、青灰色，以黝黑如漆为佳，石块常间杂白色方解石条纹。石质坚而脆，佳者扣之有金属声。质地松润，色泽青黛，有的间有白纹，形体漏透，造型雄奇，是漏、透的典型，适宜独立成景，被列为中国四大园林名石之一。

英石的开发、研究、赏玩历史悠久，古代有关英石研究的著作有：宋杜绾所著《云林石谱》介绍了英石出产于英州的含光、真阳两县，颜色有微青、灰黑、绿和白色等几种，并介绍了黄庭坚任象州太守时玩英石不惜“万金载归”，苏东坡“获双石一绿一白”，目为“仇池”。宋赵希鹄《洞天清录》将灵璧、英石、太湖等怪石列入“文房四玩”。宋陆游在《老学庵笔记》中描述“锦溪”“灵泉”，在明计成《园冶》、清屈大均《广东新语》等书中亦有论述。

《英石•回眸峰》集英石的特点，折射出中国佛教和道教的“空”与“灵”，点缀以陶瓷等材料制成的微型亭台楼阁、小桥、农舍、木舟、行人、蓑翁等，配上池水、草木、苔藓，使之峰峦叠秀，起伏错落，在方寸之间展现万水千山，涌动千般意境，被喻为“无声的诗、立体的画”，给人们以自然美的享受。

载于《上海收藏家》2021年7月12日第3版

宣石·雪山倩影

云间石展，粮仓寻梦。5 月 19 日，阳光炫丽，春风送爽，我们一行四个“石盆好友”在工艺美术学会肖国梅老师带领下，专程赴松江参观了上海云间粮仓赏石盆景博览会。作为一名奇石爱好者，当然不虚此行，觅得两方美石，其中，就有这方宣石。

这件取名为“雪山倩影”的奇石长近 40 厘米（连座），宽 16 厘米，高 13.5 厘米。整座山形，身姿娇媚，秀气绮丽，造型别致。这方来自安徽的宣石，又称宣城石，主要产于安徽省南部宣城、宁国一带山区。石质坚硬、性脆，硬度在 6—7 度；颜色有白、黄、灰黑等，以色白为主，稍带锈黄色；多呈结晶状，略有光泽，石表棱角明显，有沟纹，皱纹细致多变；体态古朴，以山形见长，又间以杂色，貌如积雪覆于石上；最适宜作表现雪景的假山，也可做盆景的配石。

说到宣石，它在地质学上称石英岩，内含大量白色显晶质石英，颜色洁白，与雪花相近，山石迎光发亮，具有雪的质感，背光则皑皑露白似蒙残雪。宣

石大多有泥土积渍，须用刷洗净，才显示出洁白的石质，故越旧越白。特别是经年把玩，退去“火气”后，白而糯，有如玉般沉着。最著名的莫过于扬州园中的冬景假山。这座假山系出自康熙年间黄山画派巨擘石涛和尚之手(石涛于明末清初在宣城广教寺寓居多年,遍游宣城山川风光，对宣石极为赏识)，厅南有宣石堆起的小型倚壁假山，这就是冬山，原是冬日围着火炉，边赏雪边品茶的地方，为了使假山在不下雪时仍含雪意，故建此叠山。雪山绵绵长长，仿佛还流溢着袅袅的颤音。“雪域仙山秘境长，无人踏雾揽苍茫。嶙峋万仞终年雪，泻玉流穿古镇滂。”雪山常年不化的积雪与崖畔悬挂的现代冰川千姿百态，晶莹的冰塔林在阳光照射下翻出一股淡绿，给人一种雄浑巍峨、冷峻圣洁的美感。

这方宣石，体量虽然不大，但美观大方，造型别致，拔地而起的巍峨雪山插入湛蓝天空，雄伟壮观，银峰雪色莹蓝，绒布冰川玻璃样透明，那皑皑的白雪，坡状的山路，厚厚的冰雪，陡峭的山崖银雕玉塑般的千年冰峰，仿佛刺破蓝天，气势非凡。山溪间，一条条银丝带从山顶飞驰而下，恰似给美丽的雪山披上了雪白的婚纱，让沉寂的山谷显得生机勃勃。万年冰川融化后的雪水经岩层过滤，喷涌清洌而出，很多呈台阶状的小石台，层层叠叠形成一个个水镜，落差间又形成无数白色的水帘，美得让人屏息。雪，是最讨人喜爱的，而雪山更是让人感叹不已。雄峙壮观的雪山相伴另一雪峰。放眼看去，天际屹立着皑皑的雪山冰峰，在阳光下十分耀眼，屹立在深黑色的星空中，宛如两位银质的巨人，两座山峰相敬如宾、相辅相成、相因相生、相映成趣，真是一幅难得的雪山美景立体画面。我不由自主地想起了古代诗人陆游《闲居自述》中的名句：“花如解语应多事，石不能言最可人。”

（图片摄影：吴耀明）

灵璧石·凤求凰

这件小品由珍珠灵璧石和如意云纹硬木座架组成。整件作品长 22 厘米，高 28 厘米，厚 6 厘米。两枚鸟形的象形珍珠灵璧石，上下呈对角相视状，站立在飘荡如意云纹的圆几上，下面一只为凤，上面一只为凰，它们体表色彩艳丽，除黑色以外，还带有咖啡色和黄色，不愧为正宗的彩色珍珠灵璧石。整件作品生动形象、寓意深刻：象形灵璧——浑然天成、鬼斧神工；硬木几

架——构思巧妙、工艺精湛。它由中国盆景艺术家执行会长王志刚先生收藏，藏者为之取名《凤求凰》。

灵璧石因产于安徽省灵璧县境内而得名。“灵璧”二字来自“山川灵秀之钟，石皆璀璨如璧”之意。自古就有“声如青铜色碧玉”之说，更有“天下第一石”之盛誉。灵璧珍珠石，石质坚韧、温润，以黑色为主色调，椭圆球状颗粒分布于灰岩表面组成各种图案而著称，椭球状颗粒相对其母体岩石硬度偏大，尽显古朴深邃、稳重素雅。该石多见于白马山、磬云山一带。珍珠石基底色浅，层面凸露出若干圆、椭圆状球状物，形似珍珠，故名珍珠石。珍珠石较少色彩、质地好、硬度较大，在地质史上历经风化剥蚀而完好保存下来，显示了一种坚硬、高贵、不屈不挠的精神品质，更可贵的是凸起的“珍珠”间相互映衬，还能形成千变万化的生动图案，或为人、或为景、或为物，千姿百态，自然多变，且比一般的图纹奇石更具有立体效果，因开采的枯竭，加之当地政府加强管控，让珍珠石愈显稀缺和珍贵。

凤凰被古代文人视作一种象征吉庆的神鸟。其实自然界是没有凤凰的。因为这本身就是传说，所以说法就有所不同。一般来说，如果把凤和凰放在一起，则凤为雄，凰为雌。古代关于凤凰形态的记载如《尔雅·释鸟》：“凤，其雌皇。”郭璞注：“凤，瑞应鸟。鸡头，蛇颈，燕颔，龟背，五彩色，其高六尺许。”凤凰性格高洁，非晨露不饮，非嫩竹不食，非千年梧桐不栖。其种类繁多，因种类的不同，其象征也不同。凤凰齐飞，是吉祥和谐的象征，自古就是中国文化的重要元素。

对于珍珠石的收藏来说，精品已是可遇不可求；但对于欣赏来说却要容易得多。珍珠石真正完美地诠释了人们对奇石的那句评价：“无声的诗，立体的画。”它同时兼具有图纹石和造型石的优点，以独有的生命力、感染力和亲和力，无声地向人们展示着它的“奇”，让观者流连忘返、欲罢不能。更让人惊喜的是一件不仅仅是单纯的黑色，还带有少量罕见的“彩色珍珠”比如红珍珠、灰珍珠、黄珍珠、白珍珠等，相比古朴稳重的黑珍珠，彩色珍珠因其稀有而显得更加华丽和富贵，这件被称为珍珠石中的贵族——《灵璧石·凤求凰》就是一例！

（图片摄影：吴耀明）

英石·朵云

顺德观赏石协会会长邓培文珍藏的这方英石，高108厘米（连座），宽60厘米，厚48厘米，既像一棵仙草灵芝，又似一件竖起的如意，更似一朵天空飘荡的云彩，故给它取名为如意《朵云》。英石石质大多枯涩，以略带清润者为贵。它轮廓变化大，石体一般正反面区别较明显，正面凹凸多变，背面平坦无奇，历来为收藏者所喜爱。

“朵云”即云朵。云在佛教中是代表无量无边、无量无尽和破迷开悟、云开雾散、重见光明的意思；在道教中代表追随自然本性的精神气质，为神山仙岛、洞天福地、名山大川、仙境的延伸；中国文化中，云是自然的象征，也是一种人生境界的写照。云随风动，顺应自然的规律，与自然融为一体，因而云不与自然相矛盾，能够坦然遨游于太空；人有了云的气质，就会不为世间的变幻莫测所困扰，随风而动，顺应万物，与万物相融，就没有内心的波澜起伏，从而能坦然面对一切事物。中国文化中，先秦道家以及魏晋玄学都崇尚这种追随自然本性的精神气质。

赏玩英石的历史悠久，宋陆游在《老学庵笔记》中描述“锦溪”“灵泉”，有几户人家专以取石为生，并认定“色枯槁声如击朽木”的汲水石是英石中的下等材料。明计成所著《园冶》介绍英石的产地、颜色等大体与《云林石谱》相同，但阐述了英石的作用“大者可置园圃，小者可置几案，亦可点盆，亦可掇小景”。清陈吴子所著《花镜》记载山水盆景制作用石“昆山白石或广东英石”，充分肯定英石为制作假山盆景之上乘材料。清屈大均所著《广东新语》还记载了英石运至“五羊城”垒为假山，“宛若天成，真园林之玮观也”。英石极具观赏价值和收藏价值，被列为中国四大园林名石之一。

《英石·朵云》造型别致、雄浑大气、云容月貌、云天高谊、云集景附，不愧为一方难得一见、仙气傲骨、珍贵靓丽的美石。

（图片摄影：吴耀明）

灵璧纹石·青龙回首

“云间粮仓，海上赏石”。迈入2021上海云间赏石盆景文化博览会传统赏石艺术主题馆的门，首先映入眼帘就是这方重达一吨的“青龙回首”大石。它长150厘米，高150厘米（连座），宽60厘米。采用缅甸花梨木马蹄腿双托嵌入式底座予以加高补充，令人顿生雄壮挺拔之感。藏家为蚌埠“宝磬堂”朱保成先生。该石为正宗的白马纹石。石体雄浑饱满，石态厚重挺拔，比例协调，层次丰富，肌理多变，石皮苍劲，纹理清晰、自然流畅，酷似行云流水，更似布满龙身的盔甲鳞片。右上部恰到好处有个“锁云洞”，巧现龙颈回首状，形体圆润饱满、质地细腻油润、干净利落而不生涩。更为难得的是其造型生动、别致。不仅大气磅礴、气度非凡，而且孔洞交错、气吞长虹。因头上带角，四腿扎地，肤色为青黑色，而且回首顾盼，整体像一条傲立大地的巨龙，我为之取名“灵璧纹石•青龙回首”。主办方将这方石放在展馆的东首中央，可见将其作为标杆初衷。

灵璧纹石产于安徽省灵璧县渔沟镇白马村的南山，近年来，经当地石农反复开采、挖掘，灵璧纹石的石源已经枯竭，因此倍受灵璧爱好者的关注。灵璧纹石属于灵璧磬石的一种，且占有重要位置，因数量少，纹路华美，始终是灵璧石爱好者的首选。灵璧石通常都有天然的纹路，白马山所产的纹石则更具美感。常见的石纹有龟回纹、蝴蝶纹、水纹等。其色多为白灰，纹理自然流畅，起止脉络清晰。从横断面看，原始的纹沟一般呈 V 形，机械加工的石纹则呈 U 形；天然的纹底都有一层顽固的天然氧化物，因为凹进去的纹底天然的氧化物比石体表面氧化物要厚，在刷洗的过程中，刷子对于纹底的氧化物不易处理干净，因此，体表呈现黑色青色或者其他主色调，而人为的纹石没有氧化层，往往会留下扇状的崩裂痕迹。该石更珍贵的是，其右上部有个“锁云洞”，洞石使纹石更显其亮点和可贵之处，让石千姿百态，增强了美的看点，无论是孔窍通达的透洞，幽深悬孔的深洞，还是峰回路转的暗洞，层叠有序的套洞，都能给人以扑朔迷离、浮想联翩的美感享受。它稀少难得，是微乎其微的寻觅机缘，洞石是大自然鬼斧神工的神来之笔，需经漫长的时空而成。中华传统文化的核心理念：石为阳，洞为阴，有阴有阳，阴阳平衡；石为实，洞为虚，石上带洞，虚实相间；石是静的有限的，而透过洞看到的景是动的无限的，动静相宜，有限无限相对。洞石在中国赏石中备受青睐，玩石人普遍知道“奇石带洞，石中见宠；纹石有洞，灵璧现梦”，让其意境和价值骤然大增。

龙是中国等东亚国家古代神话传说中生活于海里的神异生物，为万兽之王，司掌行云布雨，是风和雨的主宰，常用来象征祥瑞。龙是汉族等东亚民族最具代表性的传统文化之一，龙的传说等非常丰富。龙在现实中无法找到实体，但其形象的组成物源于现实，起到祛邪、避灾、祈福的作用。在中华，龙文化、龙的传说蕴含着中国人所重视的“天人合一”的宇宙观。

据传说中记载“龙回首”含义深刻，一名“青龙回首”。指天盘的甲子加地盘的六丙的局象。这一局势以贵神青龙回首眷顾而象征吉祥如意。所以《灵璧纹石•青龙回首》右腰见洞，极具观赏，造型稳健，雄浑饱满，气势震撼，不愧为一方大气、凛然、庄重的厅堂镇宅之石。

（图片摄影：吴耀明）

莲花石·古城遗迹

我在 2021 上海云间赏石盆景博览会上觅得了这方莲花石。莲花石主要产在安徽宿州市灵璧县西北 80 公里处。它是做假山、修驳岸、做盆景假山的最佳材质。表面横竖乱纹，类似龟壳上的纹理，侧面还有棱角，有点像莲花瓣，所以当地人叫它莲花石。颜色有两种，一种是青灰色，一种是土灰色。青灰色多是土层上面的石头。因为风吹日晒，改变了颜色。另一种土灰色，是刚从土里挖出来不久，时间久了也会变成青灰色。莲花石古朴纯真的色彩、奇特深厚的纹理、天然多姿的造型，具有一种“徽派建筑”的味道，因此在现代园林假山、奇石和盆景爱好者的心目中，它占有重要的位置。

该石长 35 厘米，宽 18 厘米，高 20 厘米，整体似乎呈现 L 形残垣断壁的古建筑结构状，酷似消失久远的古遗迹。遗址内残存一道石围城墙，有门阙、

门洞、石阶檐、石地基、断壁、土台、断瓦，苔痕斑驳的瓦砾似乎随处可见，虽经千年风雨，火灾兵灾，山崩地裂，一壁石墙仍然坚稳壁立，石阶檐仍然平整笔直，石龙门依然存在，石院坝依旧平坦如砥。古城石墙遗址的做工用料也非常考究，全部用石垒砌而非土垒。古城留下的是曾经的一座石头城……整件石体呈现出一份古朴、怪异和奇妙的思绪，令观者惊叹不已的同时又浮想联翩。似乎从遗迹中不难看出，昔日的古城在时光轮转中渐渐没落，并湮没于黄土之中。虽然已经难以完全还原古城的面貌，但是昔日曾经的繁华和辉煌依稀可辨。

“石奇含天地，趣雅意隽永。”赏石、藏石在我国盛传数千年，是国人特有的乐趣，带有浓厚的传统文化色彩。历史上曾有“卞和献石”“牛公好石”“东坡醉石”“ 米癫拜石”“板桥画石”等世代相传的故事。石文化蕴含丰富的科学知识和源远流长的历史文化；同时，石头是有灵性的，用心感悟，它能带给你欢乐，带给你智慧和梦想。我喜欢藏石，尤其是景观石，它现天地之大观，显自然之神奇；它独立成景，自然成画：一石、一趣，一意境；一画、一景，一天地。闲暇之时，把玩观赏，睹物生情，浮想联翩，是一种高雅的精神享受，也是艺术上的追求和陶冶；不愧称作“无声的诗，立体的画”，是微塑的立体画卷，是浓缩的自然景观。望着这历史遗迹，似乎突然发现，世界那么大，而我们只是一粒尘埃。

我突然想起李叔同《送别》的歌词：“长亭外，古道边，芳草碧连天。晚风拂柳笛声残，夕阳山外山。天之涯，地之角，知交半零落。一斛浊酒尽余欢，今宵别梦寒。”云间博览会《莲花石•古城遗迹》的觅得，真是让我不虚此行！

（图片摄影：吴耀明）

九龙璧·天山牧场

八年前，我在沪太路市场觅得一方九龙璧。九龙璧产于福建省，又称华安玉、九龙玉、五彩玉。九龙璧是福建省最主要的奇石品种，也是漳州市的“市石”，其产地地处九龙江畔青山绿水、落差大、水流急、水质好，江水长年累月清澈见底，两岸四季常青。受急流的冲刷、拍击、磨洗、滚动，历经漫长岁月，造就九龙璧的千姿百态，斑驳、离奇，集柔美、秀美、壮美、雄美于一身。

九龙璧的岩石种类和岩石结构多种多样，主要以燧石条带灰岩和变质岩为主，颜色多变，以褐色、青绿、黑灰、青色和杂色条带为常见。九龙璧的质地坚贞浑厚，肌理褶皱变化大，色调雄奇高古，以其制作的摆件风格迥异，造型精妙独特，每件产品表面都是一幅绝妙天然的抽象画。

我收藏的这方九龙璧经过切底，长 35 厘米，高 7 厘米，整体呈 Z 字形，蜿蜒随形，被我视作高低起伏的山脉。为了组合成摆件小品，我选用了来自德国的 FALLER 微塑模型奶牛，共有三种规格，尺寸分别为 3 厘米、1.8 厘米和 1 厘米，这些黑白相间的奶牛模型精致逼真、形态各异，配上这件九龙璧，组成的摆件小品相当完美。这方呈绿、褐和土黄色相融的奇石，恰似绵延起伏、横亘草原的天山山脉，原野上遍布悠然自得的奶牛，它们有的低头吃草，有的昂首远眺，有的安详静卧……一幅牛群肥壮、水草茂盛的牧区全景画面呈现在我面前。通过奶牛模型的尺寸变化，使得整个画面有很强的立体感。

它让我想起十年前盛夏的往事，那年趁公休假期，我有幸踏上了那片神奇的土地，一睹了它的芳容。好客的主人在毡房里热情地接待了我们，吃过了香气四溢的天山烤肉和美味佳肴后，越野车将我们送到了牧区。只见远方是高低起伏的山脉，眼前是沟壑纵横的戈壁，在蓝天白云的衬托下，显得分外妖娆。

天山是世界七大山系之一，横跨中国、哈萨克斯坦、吉尔吉斯斯坦和乌兹别克斯坦四国，全长约 2500 千米，远望天山，美丽多姿，在阳光的照射下，山色富于变化，像开屏的孔雀，艳丽迷人。那长年积雪、高插云霄的群峰，仿佛是集体起舞的维吾尔族少女头顶的珠冠，银光闪闪。就在群峰环绕中，一片辽阔的牧场展现在眼前。特别是那些被碧绿的草原衬托得十分清楚的牛羊，在阳光下就像绣在绿色缎面上的彩色图案一样美……欣赏了迷人的天山风光，一趟天山牧场之旅尽兴而归，了却了我的多年心愿。

天山草原是新疆的主要天然放牧场，平均海拔超过 4000 米，位于我国的第二阶梯，属高原高山气候。其植被呈垂直分布，季节性的牧场影响了牧民的生产和生活，形成了四季转场的放牧方式。天山牧场以其面积广大，水源充足，牧草繁茂，气候适宜而著称。高山区主要是蒿草和莎草，其次是杂类草；森林草地主要是豆科和杂类草；低山区主要是狐茅、羽茅、蒿属和紫云英属；春天的牧场上随处可以看到黄色、紫色、白色、红色的鲜花。山前冲积平原区主要是蒿属、地肤和短命的藜科属；河谷滩地以禾本科的拂子茅、芨芨草、芦苇、冰草为主，次为杂类草。由于天山牧草品质优良，这里也是我国著名的优良牧区。

小品组合《九龙璧·天山牧场》其山形山峦起伏，艺术味道很浓，很好地表达了美丽富饶的天山牧场的场景和意境。今年是辛丑牛年，我制作这件作品，祈福山河无恙，吉祥如意，你我安康，幸福相伴！

载于《新民晚报》2021年7月21日第21版

风凌石·小卧龙

六年前一个周末下午，我在钦州路花卉市场觅得这方风凌石。风凌石是8亿年前震旦纪形成的硅质石头，色泽丰富，常见的有黄色、灰白、灰黑、紫红、肉红色等，硬度为4—7度，呈半透明状，击之有声，质地可与碧玉、玛瑙媲美。结构呈细条、团块、互层等不规则状。由于人们采集的此类奇石通常裸露在大漠戈壁地表，经千万年风沙吹蚀磨砺，会形成光滑的棱面或棱角、棱线，并塑造出似景似物的丰富形态，其中形似山峰的石头常以灰黑色石质构成山体，以白色覆盖在延绵的山顶或点缀在山坡上，运气好的话还能见到珍贵的酷似白雪皑皑的冰峰奇景。这种叫作风凌石的奇石被誉为大漠中的瑰宝。

我购得的这方奇石长 15 厘米，宽 10 厘米，高 20 厘米（连座），体量不大，色泽呈灰白色，古朴而淡雅，沉稳而灵动，造型相当别致——石体棱面凹凸有致，整体似龙，呈卧姿，下身醉卧大漠，上身向上，头略微朝下俯视荒野，浑身布满凹凸不平的龙鳞状瘢痕。因石体不大，我称之为“小卧龙”。底座采用红酸枝木量身定做，外形简洁明了、线条流畅，石体随形入座，沧桑却不凄凉，朴拙而不失灵气，形神兼备，虚实相生，独出机杼，韵味悠长，颇具独特的沧桑美和残缺美。若将其置于一方案几或书桌之上，便有一种接近大自然、融入原生态的情趣，真是令人赞叹。

传统赏石讲究“瘦透漏皱”四个标准，但都不外乎从形态上赏析。古代文人追求的精神境界往往是悠然自足之人生态度，以平凡的审美心态去描绘，从内涵收敛、谦虚笃静、灵通豁达的角度进行评析。因受条件所限，他们也只能在名山大川寻找精神寄托，聊以慰藉。奇石之所以受到爱石之人的追捧，正是因为爱石者在赏析过程中享受到了美，享受到了“乐生”的情趣，从而获得了一种精神上的愉悦，找到了心灵的家园。风凌石的品类丰富多样，形态张力四射，质地密润坚硬，既可以用传统赏石标准诠释，又符合现代人的赏石审美，既可以单品摆放，也可以组合置景。有的玲珑剔透，孔洞遍生，漏月疏风，有江南楼台烟雨之韵。有的形若昆仑，气势雄伟，色韵沉着，给人大气磅礴之感。

《风凌石•小卧龙》以缩龙成寸的艺术手法令其小中见大，微中显伟，观之赏心悦目，怡情养性，真是一方难得的美石。

（图片摄影：吴 勇）

载于《新民晚报》2021年4月28日第21版

火山岩 • 重建大业

《火山岩 • 重建大业》这件作品是人工和天工的巧妙组合。人工是中国制造的外销瓷红枫叶，一片靓丽通红的红（宏）叶（业）。枫叶一般为掌状五裂形，脉理清晰，长 19 厘米，宽 18.5 厘米，高 4.5 厘米。天工则是一枚火山岩奇石，它是大自然鬼斧神工、天然成趣的火山岩象形石，栩栩如生的爬虫，长 12 厘米，宽 3.3 厘米，高 4 厘米。两者美妙地组合，火山岩虫顺着红叶攀缘而上，紧盯大叶，可谓构思简洁，活灵活现，巧夺天工。虫与重、叶与业谐音，"虫见大叶"寓意重建大业，形象地表达了事业如日中天和复兴大业的壮志雄心。

火山岩是指火山口喷出到地表的岩浆冷凝而成的岩石。与其他天然石材相比，火山岩性能优越，除具有普通石材的一般特点外，还具有自身独特风格和特殊功能。火山岩石质坚硬，色泽光亮纯正，外观古朴自然、典雅庄重，石材抗风化、耐气候、经久耐用。

红叶寓意是绵绵的思念，在人们心目中是一种精神象征，常用它来象征坚毅。同时其色代表希望与热情、回忆、真挚爱情以及吉祥如意，一年四季如火一般的颜色，象征对未来的希望以及真挚的感情，当朋友离别之际也可互赠红枫，寄托自己的不舍与对朋友的思念。红枫是观赏性很强的树种，那么红枫象征什么呢？满山的红枫象征着革命的征程，又代表着人们对未来的希望与热情，火红的颜色如炙热的鲜血一般，赋予人生活的勇气与坚强。红枫也经常用来寄托思念之情，象征着思念以及回忆，感叹时光的流逝，追寻美好的回忆。枫叶的枫字和受封的封谐音，其叶片又是鲜艳的红色，所以枫叶还有着鸿运吉祥的含义。将其送给拼搏事业的人，祝福他们能够拥有好运，事业成功，前途一片美好。

逼真形象的火山岩虫天然成趣，它是大自然的造化、鬼斧神工；加上寓意丰富的枫叶，回味无穷。

郭沫若在《鼎》中这样说："文学家在自己的作品的创意和风格上，应该充分地表现出自己的个性。""虫见大叶"的谐音正好是"重建大业"，而《火山岩•重建大业》的创作正是奔着这个意图去的。

（图片摄影：吴 勇）

泥石·伐木工人

泥石也称古陶石，各地均有分布，近年来，新疆戈壁滩上的戈壁泥石较为出名。泥石是由泥质岩构成，质地坚密细腻，形态各异，有似扁条或叶状；大多呈棕红、红褐、赭红等色，另有黄褐、咖啡、黑色等。彩泥石质地比较细腻，具有各种颜色，主要以欣赏画面为主，个别精品具有山水、动物、人物等图案，产量极少。

该石为彩泥石，长 21 厘米，宽 8 厘米，高 11 厘米。呈月牙形，浅灰色的体表，布满了细腻赭色的蚯蚓纹，将它作为底板，我还从微塑模型专卖店，购买了德国制造的 N 比例的 FALLER 微塑模型组成小品。伐木工人模型为 0.5—1.5 厘米，他们形态不一，有两个手持电锯的、两个现场指导的、两个勘察的和一个蹲下检查的，神态各异。他们着装统一，外表英俊，体型优美，栩栩如生，精致逼真与泥石相配，完美诠释了新一代伐木工人的气质。他们同古朴沉静的彩泥石组合一起，呈现了一幅美轮美奂的精彩画面。

《泥石·伐木工人》表现了新时代的林业人，用满腔热血铸就“艰苦创业、兴林富民、改善生态”的林业精神。绿叶无悔扑向大地，是报答泥土芬芳的情意；鲜花无悔凋零于风雨，是因为它曾有一段生命的美丽。他们不求轰轰烈烈，但求实实在在。不需要谱写高昂的赞歌，也不需要树起英雄的旗帜，“俯首甘为孺子牛”，这一方泥石，正是千千万万林业工人无私奉献的真实写照。

（图片摄影：吴 勇）

石雕·纤夫

十年前，我由上海盆景协会朋友陆云龙介绍，拜访了上海民间石刻大师韩桂德先生，并当下觅得这件单帆帐篷配人物小景石刻摆件古船一艘。

该摆件长12厘米，高12厘米，宽3厘米。石雕摆件采用青田石雕。所谓“纤夫”，是指那些拉纤为生的人。当年，河上百舸争流，煤、木材、农副产品等全靠船只运进运出，纤夫在行进中起着关键性的作用。他们曲着身子，背着牵绳，一步一步地往前迈。当船遇到险滩恶水或搁浅时，就必须靠很多人合力拉船，纤夫这个职业由此而生。纤夫拉纤之时，会喊一口沙哑的船工号子。号子有声无字，“嗨，嗨哟哟，嗬嗨，拖呀，拖、拖拖拖……”每当逆水行船或遇上险滩恶水时，全靠纤夫合力拉纤，号子声声，空谷回荡，是底层对生活的无奈与抗争。船只一旦搁了浅，这时你看岸边一个个纤夫排列整齐地背着纤绳，发出惊天动地的吆喝……那河风裹着尘沙阵阵狂舞，其境况是常人难以想象的，而纤夫则处之泰然，他们傲然屹立，脚蹬石头，头顶烈日，肩拉纤绳，低头弯腰，高歌猛进：“哟嗬嗬，哟嗬嗬，哟……嗨佐……嗨佐……嗨…穿恶浪哎，踏险滩嘞，船工一身都是胆啰……”一根纤绳，众人同心，踏险滩，闯恶浪。看今朝，崇山峻岭，车流如梭，天堑变通途。幸福路上，欢歌笑语。“纤夫精神”其实是中国人民不断克服困难的一种精神力量。中华民族在发展的历程中遭受过太多的苦难，在伟大精神的鼓舞下，我们闯过了一道道险滩急流，才拥有今天的辉煌。流淌在中国人身上的纤夫血脉，代代相传，永不间断。

在艰难险阻中，必须心往一处想、劲往一处使，否则就会造成生命财产的损失，就是在这样恶劣的自然、地理环境中，纤夫们养成了不屈不挠、勇往直前、团结一心的集体主义精神。正所谓“积力之所举，则无不胜也；众智之所为，则无不成也”，个人的力量是有限的，而集体的力量是无穷的，正如纤夫拉纤一样，需要每位纤夫齐心协力，拧成一股绳，才能将每个人的力量汇聚成一股不可战胜的洪流，最终走向终点。纤夫们在顺境时，抓住机遇、乘势而上；在逆境时，知难而进、坚韧不拔，这是一种责任，更是一种担当。初心不过是那般一往无前的放舟精神。每当船行急流险滩时，纤夫们就凭借着永不懈怠的精神状态和一往无前的奋斗姿态，团结一心、步调一致，形成合力、奋力拼搏，就是在这样的环境中，养成了急流险滩不松劲、越是困难心越齐的精神。这种精神与姿态，是实现中华民族伟大复兴的重要保证。

夕阳西下，纤夫光着膀子、喊着号子、逆流前行。这其中凝聚着无数中国人的心血和汗水，大家牢记初心、勇于担责，用齐心协力的忠诚、迎难而上的拼搏、负重前行的担当，乘风破浪，行稳致远，这就是中国人的“纤夫精神”。

（图片摄影：张静庵）

松花石•小小竹排江中游

松花石又名松花玉，因其质地坚硬如玉、色彩艳丽柔润而得名。产于长白山区的江河之畔。松花石地质学名叫作微晶灰岩，内含方解石、石英、磷、硼、钡和铁等多种矿物质。由于各种成分含量不同，松花石颜色也不同，大多为绿、紫、黄、黑、驼青等色。由于是缓慢沉积而形成的，松花石保存了形成之初的痕迹，形成了流畅舒缓的自然纹理。它各色相兼、点线皆明、质地坚实、温润如玉、声脆悦耳、色明晶莹，明清以来又成为上乘的制砚材料。松花砚色嫩而纯、滑不拒墨、涩不滞笔。

该石体虽不大，但形体相当漂亮。石高 20 厘米，长 18 厘米，厚 10 厘米。松花石除单体外，还多见联体，甚至有成排、叠层状出现的，形态多变。这方石由两片呈 B 字形秀峰组成，两峰之间有一条两头穿透、幽静的天然涧道，真是妙趣横生。峰体保存了形成之初的痕迹，显现了独特的、如木纹般流畅舒缓的自然纹理，恰似充满生机的碧峰翠影，色彩间杂而多变，细腻坚硬，两峰峭壁陡立，体势显强，观之令人顿生高山仰止、壮美崇高之意。令观赏者惊奇之余，又带来极富于韵律的峻峰美感。为增强观赏效果，我特意从花鸟市场购买了几件铅制竹排摆件增添进去，效果竟然大增，令人咂舌称赞。

远处层叠秀美的山峰近在眼底，虽然不高，却透着秀气，透着端庄，最令人称奇的是一排竹排呈一线排列，安然悠闲地围绕着一边像是刀劈一样的几百米高的悬崖山峰而去，空气是那么清新，好像被洗过一样。望着河面上，似乎竹筏漂来划去，欢声笑语不断。从山谷里吹来的清风轻拂面颊，让人清爽惬意，真有“空山新雨后”的感觉，不由得让人想起“小小竹排江中游，巍巍青山两岸走”的歌词来。目睹山水交辉的美妙，更可以沉浸在“风于湖中动，虫在石间鸣，山出叠翠色，甘泉润琴声”的美景中。

山水之乐，在乎景，更在乎心。在青山绿水间，你可以忘却烦恼，忘却自我，心情会更加趋于平淡，趋于超然，这大概就是人的本性吧，也是《松花石•小小竹排江中游》的创作本意。

千层石·轻舟已过万重山

千层石，也称积层岩，属于海相沉积的结晶白云岩，石质坚硬致密，外表有很薄的风化层，比较软；石上纹理清晰，多呈凹凸、平直状，具有一定的韵律，线条流畅，时有波折、起伏；颜色呈灰黑、灰白、灰、棕相间，其

棕色稍显突，色泽与纹理比较协调，显得自然、光洁；造型奇特，变化多端，多有山形、台洞形等自然景观，神韵秀丽静美、淡雅端庄。千层石小则两三厘米，大则高一米以上，可用于点缀园林、庭院，或作厅堂供石，也可制作盆景，具有较高的观赏价值。

这方“双峰”石是十多年前，我从长风公园花展地摊上觅来的。该石长 19 厘米，宽 5 厘米，高 16 厘米，两座山峰形似一对情侣，含情脉脉相互对视，缠绵于青山翠谷，陶醉于爱河之中的场面，故为之取名情侣峰。相传三国时周瑜与小乔的一段爱情故事，按“男左女右”看情侣峰，小乔身材细长，亭亭玉立，袅娜多姿；周瑜脑壳四方正正，气宇轩昂，身材健壮，他们真是郎才女貌，天生一对。俗话说“山不在高，有仙则名。水不在深，有龙则灵”，石好不在于大，有奇则灵。“收藏石头不仅是一种爱好，也是一门学问，只要有心研究，认真体会，才能收获更多的收藏快乐和兴趣。”为了提升观赏效果，我特意配了一件上海石刻轻舟小船摆件，船上一位掌船的艄公双手紧握撑杆，站在船尾划向水面，船舱里正坐着一对情侣欣赏着美好的河山，真是一幅情景相融、动静相宜、虚实相生的山水风景画。群山连绵重重叠叠，山间云雾缭绕，烟雾蒙蒙，又有日出破晓之势，轻快的小船已驶过连绵不绝的万重山峦。

千山万水，千帆过尽，就像画里在山那边漂着的小船，舒缓而悠闲地轻荡在人生的海面上。轻舟已过万重山，它诠释了人生中的重重难关，需要你努力地去翻越。任何事都不会白白付出或流失，只要你足够坚强，就一定能够遇见生命里一段最美的时光。我们一天天地长大，走过少不更事的少年，走过热情奔放、激流勇进而又迷惘的青年，步入舒缓平和、安静稳定的中年，这不同年龄段的艰难步履，就像翻越了人生的一座座山。

（图片摄影：张静庵）

泥石·渔夫的故事

我的爱好就是喜欢收藏一些各种材质的微塑摆件，有人物、房舍和动物等。闲下来就创作一些小品，此件《泥石·渔夫的故事》便是一例。

这件漂亮的新疆泥石酷似一个孤独的岛礁，它长26厘米，宽12厘米，

高5厘米，“渔夫”的石刻摆件长14厘米，宽5.5厘米，高7.5厘米，两者组成的小品，令我想起了少年时读到的一个故事。

从前有一个穷渔夫，每天清晨到海边去捕鱼，他立下规矩，每天至多撒四次网。有一次，他撒了三次网，什么都没捞着，他很不高兴。第四次把网

拉拢来的时候，觉得太重了，打开网一看，他发现网里有一个胆形的黄铜瓶，瓶口用锡封着还盖着所罗门的印。渔夫见后自言自语：“这个瓶里到底装了什么东西？我要打开看个究竟。”他就从腰间拔出小刀，撬去瓶口上的锡封，想把里面的东西倒出来，但是什么东西也没有。隔一会儿，瓶里冒出一股青烟，飘飘荡荡地升到空中，最后居然变成一个巨大的魔鬼，凶神恶煞地站在渔夫面前。只听见他叫道：“所罗门啊，别杀我，以后我不敢再违背您的命令了！”然后魔鬼对渔夫说：“渔夫啊，你准备死吧！选择怎样死吧，我立刻就要把你杀掉！”渔夫问道：“我把你从海里捞上来，救了你的命，你为何还要杀我？”魔鬼答道：“你听完我的故事就明白了。我是个无恶不作的凶神，曾经跟所罗门作对，他派人把我捉去，装在这个胆瓶里，用锡封严了，又盖上印，投到海里。我在海里待着，在第一个世纪里，我常常想：‘谁要是在这个世纪里解救我，我一定报答他，使他终身享受荣华富贵。’一百年过去了，可是没有人来解救我。第二个世纪开始的时候，我说：‘谁要是在这个世纪里解救我，我一定报答他，把全世界的宝库都指点给他。’可是没有人来解救我。第三个世纪开始的时候，我说：‘谁要是在这个世纪里解救我，我一定报答他，满足他的三个愿望。’可是整整过了四百年,始终没有人来解救我。于是我非常生气，我说：‘从今以后，谁要是来解救我，我一定要杀死他，不过准许他选择怎样死。’渔夫，现在你解救了我，所以我叫你选择你的死法。”

渔夫听完连连叫道：“好倒霉啊，我救了你，你却要我的命啊！”魔鬼却回答：“正因为你救了我，我才要杀你啊！”这时候渔夫想道：“他是个魔鬼，我是个堂堂的人。我的智慧一定能压过他的妖气。”于是镇静地对魔鬼说：“你确实要杀我吗？但我不相信，这个胆瓶连你一只手都容不下，岂能容下你这庞大的身体呀？”魔鬼道：“你不相信我住在这个胆瓶里吗？”渔夫坚定地说：“我没有亲眼看见，绝对不能相信。”这时候，魔鬼摇身一变，变成一团青烟，逐渐缩成一缕，慢慢地钻进胆瓶。渔夫见青烟全进了胆瓶，就立刻拾起盖印的锡封，把瓶口又封上了，然后学着魔鬼的口吻大声说：“告诉我吧，魔鬼，你希望怎样死？现在我决心把你投到海里去。”

……

《泥石·渔夫的故事》小品组合，让我瞬间回到过去的时光，这是收藏的另一种收获。

戈壁石·自驾游

2010年，我在沪太路奇石展上觅得一块呈“人”字形赭色戈壁底板，石面起伏多变，石肤细腻，古朴凝重。石长33厘米，宽13厘米，高4厘米。

戈壁石，顾名思义产于沙漠戈壁，其材质优良，造型多样，颜色有红色、蜡黄、泥绿等，美丽异常。因为它裸露在荒漠区，经过几千万年的大漠风沙

吹去了棱角，表面被吹得光滑细腻，石体表面还常残留一层红棕色氧化铁和黑色氧化锰薄膜，像涂抹了一层油漆。这是因戈壁地区非常干旱，地下水中含有高浓度的氧化铁和氧化锰。由于含盐量高，水分蒸发时被地面上的砾石

阻挡，在砾石底面形成许多露珠状的水点。这些矿物质不仅停留在石头表面，还进入石头内部，经风沙研磨，体表更加细腻，韵味十足。由于戈壁石成因复杂，地理、气候条件特殊，使其外形变化丰富，能满足不同需要。尤其是老皮戈壁，包浆肥厚、色泽深沉、浑厚凝重、古朴典雅，更是令人赏心悦目，为玩石界所推崇。

经过深思熟虑，我选用了这件漂亮的富有山地韵味的随形戈壁泥石作底板，并精心挑选了形象逼真、精致的德国 Preiser HO（1∶87）微塑树脂模型：两位自驾游者，高 2.2 厘米，长 1.5 厘米，宽 0.5 厘米；一辆小轿车，长 4.2 厘米，宽 1.8 厘米，高 1.8 厘米；两间木屋，长 5 厘米，宽 4 厘米，高 3.5 厘米。在寂静的山坳中，两位自驾友下车，正在起伏的山地中勘察地形线路。奇石和微塑组成了一个小品《戈壁石 • 自驾游》。

自驾游，简单地说就是自己驾驶汽车出游，属于自助旅游的一种类型，是有别于传统的集体参团的旅游形式。自驾车旅游在选择对象、参与程序和体验自由等方面，给旅游者提供了伸缩自如的空间。2006 年首届中国自驾游高峰论坛的定义：“自驾游是有组织、有计划，以自驾车为主要交通手段的旅游形式。”自驾游的兴起，符合年轻一代的心理，他们不愿意受拘束，追求人格的独立和心性的自由，而自驾游恰恰填补了这种需求。

小品《戈壁石 • 自驾游》生动形象地展现了一幅山地自驾游的活动场景。

（图片摄影：张静庵）

幽兰石·笔架山

这件精致的《幽兰石·笔架山》，是我多年前在岚灵花卉市场石展上觅得的。它长 19.5 厘米，高 7.5 厘米，宽 7 厘米。整座山形层峦叠嶂、蜿蜒盘旋，不愧为一方精致、神奇的景观石。

幽兰石产于广西柳州鹿寨县幽兰村附近的山溪中，属碳酸盐类沉积岩，由于它颜色黝黑、质地细润，很受欢迎。幽兰石多数是山石，以逼真的山形

景观引起玩石人的关注。它质朴、高雅，让观赏者更愿意接近，更容易产生人石对话的愿望。幽兰石以黑色、青灰色为主色调，常带有似流水般的白纹。高雅的幽兰石漆黑如墨，它逼真的山形景观极具观赏价值。

幽兰石石皮古朴沧桑，造型简洁明快，山势峥嵘，岩崖崔嵬，苍茫古意若隐其间。但此类幽兰石石皮略显粗犷，包浆亦有不足，以致常令赏石之人喜远观，不爱触碰把玩。相比之下，水冲石就内敛许多。这类幽兰石经过溪水日积月累的冲刷洗礼，遁去了表面的浮尘，质地显得更加细腻，颜色愈发黝黑如墨，宛若苍穹，表面包浆亦光滑若玉。虽不似山石般奇峰多险，但多出了几分娟秀高雅，更令赏石者爱不释手。将一方形似山岳的幽兰石置于书案茶席之间，细细品之，即可领略到所谓“一览众山小”的朗逸风姿。此种型雅境幽的古拙之韵，在以水冲而成的幽兰石身上表现得尤为明显。因为流水的打磨，使得水冲幽兰石的气质既有着险峻纵逸的疏狂，亦有着肃穆清秀的委婉。而在这一方石上即见这两种自然山体中难得一观的对立统一之美，不能不让人赞叹自然之鬼斧神工。子曰：“知者乐水，仁者乐山；知者动，仁者静。”对于水冲而成的幽兰石，可谓既知且仁了。一方品相上乘的幽兰石，更像是上古在山壑水溪间遁世自乐的隐士，任群峰参差、亭亭玉立，自变化无穷、秀美尽显。此种风韵，恰如米芾《苕溪诗帖》那般“玉树临风、摇曳生情”了。

《幽兰石•笔架山》神奇、精巧又美妙。在笔砚书籍之案台，放置一方赏心怡情的幽兰石，感受大自然神来天成之韵美，绝对称得上是文采炳焕的点睛之笔。

（图片摄影：张静庵）

灵璧架子石·吊脚楼

这方奇石是多年前我在上海长风公园门前地摊上觅得的。虽然体型不大，但是依据它奇特的造型，为增强观赏效果，我专门为之配上相衬的陶塑吊脚楼，使这方跌宕起伏、层层叠叠、曲径幽深的难得的景观山型石，更显灵动、秀丽和壮观。

该石长 18 厘米，宽 12 厘米，高 20 厘米，是来自安徽灵璧的架子石，又称框架石或骨架石。石孔洞交错、骨架相连、变化多端、清秀空灵，类似湖南的龙骨石。灵璧架子石表皮略显干燥，色较杂乱，多为黑灰、浅黄，或杂似砂岩，质地不如其他石种坚硬苍润。但其造型空灵，大框架中布满洞穴弹窝，呈透、漏、瘦、皱之感，又为其他灵璧石种所不及。此石多为景观型，少象形型，是优良园林石种，也有品味较高的厅堂和案头清供石。而陶塑吊脚楼，我选用了石湾陶塑，依据“地形”特征，配上了尺寸不同、形态各异的吊脚楼，使它成为一件美妙的奇石美陶小品组合。

我曾经多次去过张家界，走进武陵大山，稍加留意就会发现，在郁郁葱葱的山坡上，清澈的小河边，或被土家人称为坝子的边缘，吊脚楼被镶嵌在其中。吊脚楼，也称“吊楼”，为苗族等少数民族民居，是湘、鄂、黔等地区传统的住宅。它们依山傍水就势而建，讲究朝向，属于干栏式建筑，基本全为悬空，所以称吊脚楼为半干栏式建筑。依山的吊脚楼，在平地上用木柱撑起，分上下两层，既节省土地，造价较廉，又通风、干燥、防潮；下层关牲口或用来堆放杂物。一般中间为堂屋，左右两边称为饶间，作居住、做饭之用。饶间以中柱为界分为两半，前面作火炕，后面作卧室。吊脚楼上有曲廊，它配有栏杆。吊脚楼像星斗洒落在苍茫的山水间，让这些优美的自然山水变成了“山深人不觉，全村同在画中居”的意境人文山水，寂静千年的大地变得生动起来。传说土家人祖先因家乡遭灾才迁来，那时，鄂西古木参天、豺狼虎豹随处可见，土家人常遭受猛兽袭击的威胁。后来人们利用现成的大树作架子，捆上木材，再铺上野竹树条，在顶上搭架子盖上顶篷，修起了大大小小的空中住房，吃饭睡觉都在上面，从此，再也不怕毒蛇猛兽的袭击了。这种建造“空中住房”的办法逐渐得到传播和推广，后来，就演变成了现今的吊脚楼。

吊脚楼是中国西南地区的古老建筑。它临水而立、依山而筑，采集青山绿水的灵气，与大自然浑然一体。吊脚楼是建筑群中的小家碧玉，小巧精致，清秀端庄，古朴之中呈现出契合大自然的大美。它散发着生命的真纯，没有一丝喧嚣与浮华。身临其境，俗世的烦恼会烟消云散，困顿的胸怀会爽然而释。这些充满了传统民族艺术意象的吊脚木楼，为当地少数民族的生活提供了永恒的生命激情。

《灵璧架子石•吊脚楼》作品，还原、浓缩和再现了吊脚楼的形象，让我们领略了神奇、迷人的“吊脚楼”风貌。

（图片摄影：吴 勇）

泥石·山地自行车越野挑战赛

奇石收藏中，我比较钟情于泥石。它形态各异，有似扁条或叶状；块体一般数厘米至数十厘米，绝大多数至少一面有水纹或草状纹理；石表细、润、脆，有薄薄的包浆，手感极好。加上我热衷于搞小品创作，所以各种各样的泥石我收藏了几十件，大到长60厘米、宽50厘米的，小到巴掌大的；形状有山形的，也有平板形的，但总的来说呈板状的为多。

这件呈山地状的绿泥石，产于哈密泥石滩，质地相当细腻，纹理清晰，别具精品山水韵味。它长30厘米，宽12厘米，高7厘米。我反复思考后，决定以势造型。我精心挑选了精致的德国 Preiser HO（1：87）微塑模型，有长2.5厘米、宽0.5厘米、高2厘米的人物、自行车模型，配上这件漂亮的、有山地特征的泥石，正好组成了“自行车越野赛”小品。我共挑选了七位人物，其中五位系自行车参赛者，途中一位下蹲者为教练指导者，另一位骑摩托车的为现场负责安全保护的工作人员。五位参赛者姿态各异，跑在最前的一位弯着腰，腿用力的劲也很大，所以跑在最前面。而落在最后的一位，因体力不逮，只能下车肩扛手拉往上推着前行。

泥石玩家都知道，来自新疆的泥石，可分为两大类：熟泥石和生泥石。熟泥石是最具有收藏鉴赏价值的种类，生泥石由于质地较粗、含有杂质，没有包浆或包浆不完整等原因而不被人看好。这件作品为熟泥石，形态别致、色彩丰富、动感十足，完美再现了山地自行车越野挑战赛的真实面貌。

赏心悦木

原野
收藏拾珍

崖柏木雕·观世音

《崖柏木雕·观世音》，为中国根艺大师孙新精品崖柏根雕作品。作品高76厘米，长47厘米，厚21厘米。佛像是雕艺作品中的一大主题，历来被能工巧匠所演绎，因此也精彩纷呈。其中观音菩萨更是备受人们顶礼敬仰。此件作品以崖柏为材料，生动细腻地刻画了观音的形象。整体意境的布局比较巧妙：观音一脸祥和，禅思惟深！虽是视觉观赏，然崖柏天然的浓郁香味已经扑面而来了，令人心旷神怡。作品以写实手法表现，在诗意和禅意的交融中展示出一个清凉唯美的境界，具有较好的审美情趣和主旨深度。

《崖柏木雕·观世音》为千年陈化崖柏，它历经千年风雨沧桑，矗立于悬崖峭壁之巅，静观尘世，见证了开天辟地的中华文明岁月。它经中国根艺大师精心构思、精心雕刻，终于造就了一件神形兼备的崖柏木雕神品。作者除了具备睿智的构思外，还必须具备高超的雕刻技艺，才能如此完美地创作出这件作品。

（图片摄影：张静庵）

崖柏根书·“家”

五一前夕，我来到了古镇新场，拜访中国根艺大师孙新。走进孙新根艺馆，映入眼帘的是一个大大的“家”字，作品是一件崖柏根艺，一个浑然天成的篆体根书作品——“家”。作品高147厘米，长66厘米，厚21厘米。

中国根书，是采用具有一定天然美的根材。普通常见的根书多选用优良灌木小根系，如杜鹃根，经技术处理等工序后，一般均需稍经加工，要么是加以拼接而成，要么就是根据需要加以修饰而成，往往留有明显的痕迹，很少能见到一气呵成的天然根书。作为真正意义上的根书，其特点应是取材严谨，无任何雕饰迹象，纯属天然，且字体浑然一体，古色古香，具有返璞归真的天然神韵。所以好的根书作品，极具收藏价值。孙新以他睿智的目光和超高的根艺经验，确保了这件崖柏作品的原汁原味，按照根书创作过程中要求，以娴熟的根雕制作技艺，截取了所需部分，做到既要不动崖柏关键部位，又要确保中国根书的深厚韵味，不愧为一件大自然与人类智慧的结晶的好作品。

崖柏，柏科崖柏属，别名侧柏、香柏，即东方崖柏或中国崖柏，分布于秦岭以北，生长于海拔2000—3000米的悬崖峭壁岩石缝中。崖柏属阳性树，不耐阴、耐干旱，忌积水、喜空气潮湿和钙质土、石，生长十分缓慢，百年高不盈尺，在生物界享有“活化石”美称，民间有“千年松、万年柏”之说。这件根艺，孙新是取材野壑山林的天然崖柏。来自深山老林长青之树，蕴含着深厚的天地灵性，它既有树根独特的性格，又有书法墨香的韵味，它注入鲜活灵动的生命，因而，更赋予了作品新的内涵和独特的灵魂。

家，在我们传统的眼光里，她是精神的寄托，也是心灵的港湾，更是人生的加油站。当你感到有安全感，能纾解疲劳，享受满足感时，你便有一个幸福的家庭；家就像维系在你身上的内衣一样，呵护着游子的心，给你带来温暖，永远不离弃你；当你因失败而颓废时，她及时给你力量，引你走出黑暗；当你因成功而喜悦时，她送你警钟，告诉你胜不骄、败不馁，勇攀高峰，不断超越；当你受了委屈无处诉说之时，家是最好的聆听者。当你出门远行时，时时魂牵梦萦的依然还是你自己的家。

中国五千年璀璨的文明及无与伦比的丰富文字记载已为世人所知，在这博大精深的长河中，中国书法按照文字特点及其含义，以书体的结构、笔法和章法书写文字，使之成为极富美感的艺术作品。因为书法是从中国文化中逐渐发展起来的，形成了形式各异的空间构成，从而展现了不同的风格，被誉为无言的诗歌、无声的音乐。根书是传统根艺的一种独特艺术，它利用天然美的根材，按照书法的笔韵和章法，巧借天然，天人合一，是大自然赐予的具有华夏特色的书法艺术。根书是根艺发展过程的升华，是最具民族特色的传统艺术瑰宝。

作为一名根艺爱好者来说，我曾见到不少根书根艺作品，但是如此美妙、如此大气、如此令人震撼、一气呵成的根书，还是头一回见到。

（图片摄影：张静庵）

胡杨·蟒

胡杨是被子植物门、双子叶植物纲、五桠果亚纲、杨柳目、杨柳科、杨属的一种植物，是落叶中型天然乔木，直径可达 1.5 米，木质纤细柔软，树叶阔大清香。耐旱耐涝，生命顽强，是自然界的稀有树种之一。胡杨树龄可达 200 年，树干通直，高 10—15 米，稀灌木状。树叶奇特，因生长在极旱荒

漠区，为适应干旱环境，生长在幼树嫩枝上的叶片狭长如柳，大树老枝条上的叶片却圆润如杨。通过对天然胡杨的瘤、包、根、枝、树干、树皮等进行雕琢，再经过打磨、上蜡等工艺处理的胡杨根艺作品千姿百态，天然成趣，备受收藏者和根艺爱好者的青睐。

这件被命名为“蟒”的根艺作品就采用胡杨制作，长 73 厘米，高 31 厘米，宽 40 厘米，是根艺大师孙新的作品。在创作时，孙新总是尽量保持作品的天然本质，决不轻易动刀。孙新时常挂在嘴边的一句话：“我的作品必须保持根艺的本质，而不是根雕。”这件“蟒”就是他的典型作品。春天的太阳暖暖的，阳光照耀着大地，万物都苏醒了。一条蟒蛇蜿蜒匍匐在贫瘠砂岩地上，头略微向上抬起，伺机捕捉猎物。

蟒，本义是巨蛇。蟒蛇又称琴蛇、蚺、梅花蛇，是世界上最大的较原始的蛇类。体长 3 米至 7 米，重数十千克。头小，吻端扁平，通身被覆小鳞片，腹鳞窄，尾短。主要分布于我国的云南南部、福建、海南、香港、四川等地。属于世界濒危动物，国家一级保护动物。蟒蛇体鳞光滑，背面呈浅黄、灰褐或棕褐色，体表花纹非常美丽，对称排列成云豹状的大片花斑，斑边周围有黑色或白色斑点，体后部的斑块很不规则。蟒蛇头小呈黑色，眼背及眼下有一黑斑，喉下黄白色，尾短而粗，具有很强的缠绕性和攻击性。

我与孙大师打交道已近十年了，他的脾气十分固执，但确实有一双“慧眼”，普通人眼里只能充当燃料的树根，在他的眼中都是宝贝。四处“寻根”被他视为人生中的一大乐事。经过他的一双巧手，一块块枯朽的树根，或变浮雕挂件、挂画，或成桌上茶盘、落地式茶几，全都成了极富灵气的艺术作品，堪称“化腐朽为神奇”。作品《胡杨·蟒》的诞生便是最好的例子。

（图片摄影：张静庵）

载于《新民晚报》2021年5月26日第21版

崖柏·蝴蝶

这只天然成趣的“大蝴蝶”，其实是来自中国根艺大师孙新的崖柏根材。他在福建山里觅到一块崖柏枯料，然后通过技艺加工而成。根艺“蝴蝶”长86厘米，高66厘米，厚28厘米。双翅呈自然张开状，无可挑剔的蝶叶漂亮美丽，达到让人惊讶的地步，脸、眼、嘴和身部均有，而且比例适中，形象相当完美。崖柏源于三亿多年前，与恐龙处于同一时代，在白垩纪繁盛一时，被植物学家称为世界上最稀有、古老的裸子植物，对人类研究古遗址、古生物、气候有着极其重要的作用，被喻为中国国宝植物中的“大熊猫”。

根艺造型创作要做到构思深刻、内涵丰富，最大限度地保护自然之形，构思中应对根材做多角度的全面观察，反复揣摩，依形造势，深思熟虑，这是一个捉影、传神、求势、达意、品韵的过程，通过构思立意产生灵感，内容包含具象、意象、抽象创作出人物、动物、山水、器物等方能定型，如对一件材质变化好的根材，构造思路未成熟难以立断，可搁置一段时间，经过一年半载后方能发现意外收获。根艺大师孙新感叹地说："根艺创作是一项辛苦的体力与智力的结合体，在几十年的创作崖柏过程中，我们崖柏根艺爱好者应该从选材、造型、取舍、定型、打磨、底座、命名，独创出自己的制作原则，力求做到'九分天成、一分人工'，遵循创作理念，做到'细琢磨、慎切割、取意象之趣味、觅天然之气息、求最佳之妙境'和'因得于自然而圣洁、归天籁无极为绝世'的完美理想境界。"崖柏自然根艺在大自然历练中，虽有神奇绝美、自然天成、鬼斧神工般的符合艺术造型的珍品根艺，但并不多，对于一些好的根材要做恰到位的取舍，结合根杆取舍要做到掌握一个度，对于一些枝枝杈杈、双向并行根枝、影响线条过渡、贯通等的部位进行切割、取舍，对于取舍切割中的根、杆、枝要反复琢磨，下定决心去留，做到"取其精华、去其糟粕"，使作品展现出"美感、生命力"，做到"取意象之趣味、觅天然之气息、求最佳之妙境"！

崖柏老料经历了神奇、艰难的一生，造就了其独特的"根艺形体"，具备了先天优势条件。然而，一件好根艺作品的选材，跟人工后期的发现、采挖及完整度息息相关，《崖柏•蝴蝶》就是根艺大师孙新典型的代表作。

（图片摄影：张静庵）

榆树瘤•乾坤袋

榆木，素有“榆木疙瘩”之称，言其不开窍，难解难伐之谓。其实，它是一种常见的树木，王谢堂前或百姓后院，常见它的身影。雅俗共赏的老榆木，以自己坚韧、厚重的品性，展现其通达顺理的胸怀。与其他树种一样，因受自然界的影响，它也会生长出树瘤。树瘤是愈伤组织，在树木受伤后，细胞无性繁殖形成的一种自我保护。树木受伤可分为外力损伤与细菌侵染两种。树瘤并不全是有害的，某些树瘤可加工成天然成趣的艺术品如花瓶、烟斗等，深受人们的喜爱。

此件榆木瘤，长相奇特，天工造就，宛如一个大口袋。它长 36 厘米，高 75 厘米，厚 26 厘米。由中国根艺大师孙新从老家福建深山老林中觅得。他说这是一件难得一见的丽质天成好根料，经过巧妙精细地截取，形体相当完整，他给作品取名为“乾坤袋”。乾坤袋，即为弥勒所有，又称“如意乾坤袋”“黄金袋”，专做储物之用。拥有不可思议之力，内部有着奇异之空间，空间之大，似能将天地收纳于内。袋中另有乾坤，称“袋中天”，应有尽有，取之不尽。

根艺制作多以树根为素材，同时也包括形态较好的树枝、枯木、死株、树瘤等。在制作过程中利用千姿百态的生动形状，化丑为美，化腐朽为神奇，依势造形，以形赋神，制作出形态各异、品位不同的根艺作品，给人以美妙的艺术享受。一切艺术形式都离不开它所使用的材料，好的根材存在于大自然中，根艺家必须到大自然中去寻找、发现，搜集各种形态奇特的废根，从而诱发创作灵感，确立作品的主题。但要想使它的形真正成为传神写意的艺术品，需要创作者敏锐的观察、独特的感受、丰富的想象和精心的加工。

孙新这件作品《榆树瘤•乾坤袋》不愧是一件巧借自然、巧同造化、巧取天工、天然成趣的好作品。

（图片摄影：张静庵）

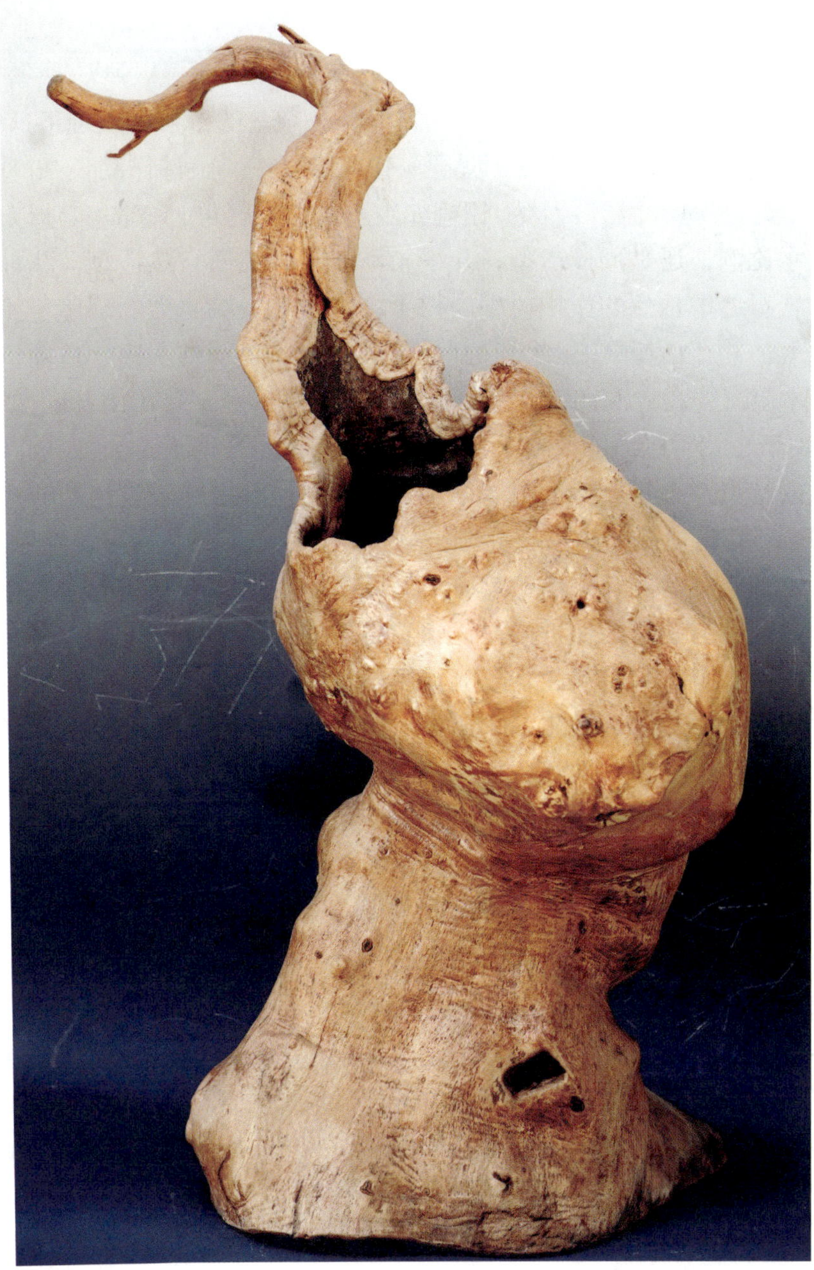

崖柏·麋鹿

中国根艺大师孙新，以他睿智的目光，从杂乱的根料中发现了这件材料，并稍作加工完成了这件《崖柏·麋鹿》作品的创作。整件作品长70厘米，高85厘米，宽38厘米，巧借天然、栩栩如生。从它的鹿角、头部、身体以及下肢，无论大小比例，还是形体造型，几乎不动一刀，纯属自然造型。华北地区太行山脉岩石缝中枯死的崖柏树根、树干，由于在极端恶劣的环境下生长，吸天地精气，并经历崖风之强力吹刮，使其形成了奇特的飘逸、弯曲、灵动的造型，木质密度高、油性大，并有着醇厚的柏木香味。燕山山脉的崖柏树根、树干，由于在相对舒适的环境下生长，造型舒缓，平和舒展，大部分有密度高、油性大的特点，香气芬芳，醇厚浓郁，有长时间存放味道更佳的特点，曾被用于根雕、摆件底座、枕头、佛珠。

麋鹿和所有的鹿都一样，具有美好的寓意。在凯尔特神话中麋鹿就是森林之神，精灵与动物的保护神，代表着自然的灵性。很多人以为麋鹿是欧美物种，那就错了，其实麋鹿是东亚地区的特有物种，原产于中国长江中下游沼泽地带，就是我们常说的“四不像”，因为它头脸像马、角像鹿、颈像骆驼、尾像驴，因此得名。它性好合群，善游泳，喜欢以嫩草和水生植物为食。曾经广布于东亚地区。后来由于自然气候变化和人为因素，近乎绝种。

根艺作品的审美价值主要是通过适用性的发挥才得以完美体现的，而对根艺实用品来说，它的适用性正是通过审美价值显示出来的。在这里，“实用”是具体的，“美”是抽象的，这种“具体”和“抽象”的对立统一，使得根艺作品以多姿的形式呈现。它采用各种自然美的根材，如乔木、灌木的根，或可雕琢、可造型的根干枝杈、节疤以及树皮、根木纹理、树瘿等自然形态，创制出占有一定空间的可视、可触的各种具体的艺术形象，并以此来反映社会生活和根艺工作者的审美感受、审美理念。《崖柏·麋鹿》便是一例。

（图片摄影：张静庵）

金丝楠·仿太湖石

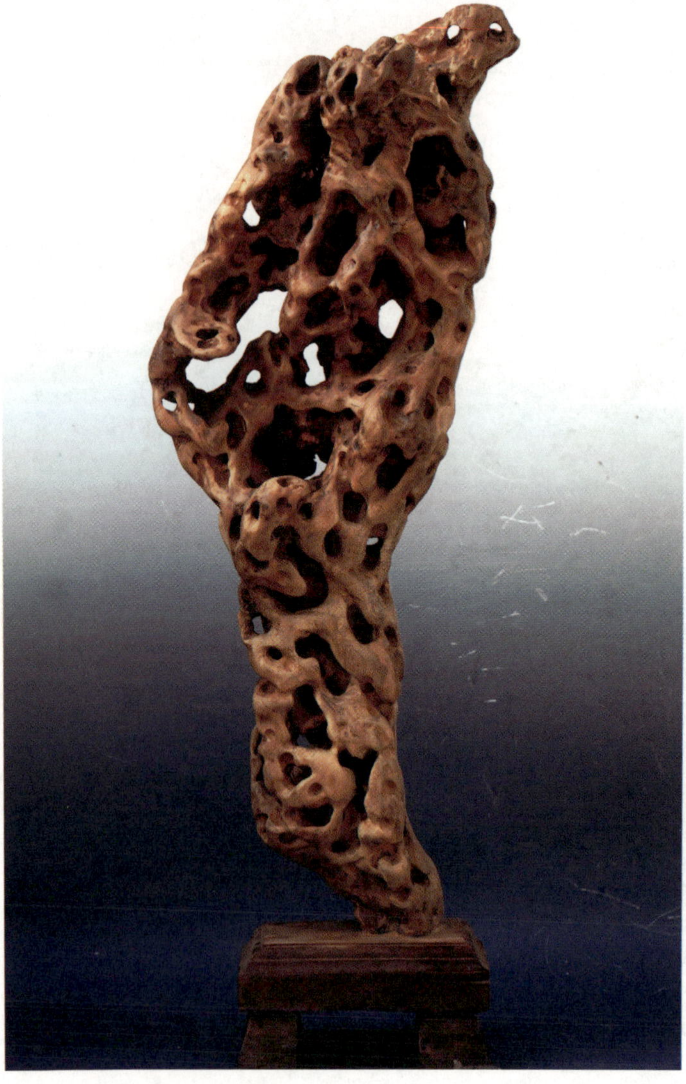

中国根艺大师孙新，从事根艺创作几十年，唯独这件作品，他不得不承认是根雕作品而非根艺作品，因为在他看来根艺创作应该取材得当，必须巧借自然，否则就成为木雕作品了。他的作品讲究天然成趣、巧夺天工，“化腐朽为神奇”。

此件作品，因太湖石的奇特造型，不动刀难以实现“窟窿石”的造形。这件取材金丝楠木的“太湖石”，它兼用圆雕、透雕的手法，依据太湖石“透、漏、瘦、皱”之韵，随形而雕刻，手法苍劲有力，虚实相生。配以硬木底座。作品高 88 厘米，宽 25 厘米，厚 20 厘米。

金丝楠木是楠木中品质最佳的门类，因资源珍稀、生长缓慢，自古成为皇家文化符号象征。历来为古玩藏家、学者所重视的《博物要览》中曾记载："金丝者出川涧中，木纹有金丝，楠木至美者。"其色浅橙黄略灰，木性温润、平和、细腻通达，纹理淡雅文静，有现山水或虎斑纹为上品。其中小叶桢楠，即金丝楠，阳光下金光闪闪，灿若云锦，其高贵华美，摄人心魄。其木质坚硬耐腐，自古就有"水不能浸，蚁不能穴"之说。成为栋梁之材至少需两百年以上。该木主要产于四川地区，为国家级重点保护的树种。

太湖石，又名窟窿石、假山石，原产苏州洞庭山太湖边，是由石灰岩遭到长时间侵蚀后慢慢形成的,分水石和干石两种。水石是在河湖中经水波荡涤，长期侵蚀而缓慢形成的。干石则是地质时期的石灰石在酸性红壤的长期侵蚀下形成的。形状各异、姿态万千、通灵剔透的太湖石，最能体现"皱、漏、瘦、透"之美，色泽以白石为多，少有青黑石、黄石，有较高的观赏价值，为中国古代著名的四大奇石之一（英石、太湖石、灵璧石、昆石）。明画家、造园家文震亨在《长物志》中写道："太湖石在水中者为贵，岁久被波涛冲击，皆成空石，面面玲珑。"

太湖石是皇家园林的布景石材，是大自然巧夺天工，自然形成玲珑剔透、奇形怪状的观赏石。《金丝楠 • 仿太湖石》犹如太湖石的姿态韵味，形奇、色艳、纹美、质佳，玲珑剔透、灵秀飘逸，令人赏心悦目，神思悠悠。

（图片摄影：张静庵）

烙画·两只麻鸭

烙画又称火笔画，是中国传统艺术珍品，用火烧热烙铁在物体上熨出烙痕作画。烙画创作在把握火候、力度的同时，注重“意在笔先、落笔成形”。

烙画大多是在木质上进行创作的。一般以椴木质为佳，因其色泽洁白，木质细腻，纹理不太明显。烙山水、花鸟画所需的木板质量一般要求不严格，各种木料均可采用。烙人物肖像画或某些特定题材的作品时要精心挑选合适的木料。如表现肤色比较粗黑的人物肖像,可选择质地略粗、色调沉着的木料；表现青年妇女或儿童肖像，可采用质地细腻、色泽洁白的木料。追求素描效果的话，所选用的木料质量要以面无疤痕、色泽一致为上乘。

烙画不仅有中国画的勾、勒、点、染、擦、白描等手法，还可以熨出丰富的层次与色调，具有较强的立体感，酷似棕色素描和石版画，因此烙画既能保持传统绘画的民族风格，又可达到西洋画严谨的写实效果，具有独特的艺术魅力，给人以古朴典雅、回味无穷的艺术享受。烙画古称“火针刺绣”，是中国古代一种极其珍贵的稀有画种。据史料记载，烙画源于西汉、盛于东汉，曾一度失传，直到清光绪三年，才被河南南阳一名叫“赵星”的民间艺人重新发现整理，后逐渐形成以河南、河北等地为代表的几大派系。烙画以前仅限于在木质材料上烙绘，如木板、树皮、葫芦等，画面上自然产生不平的肌理变化，具有一定的浮雕效果，色彩呈深、浅褐色乃至黑色。现在，烙画大胆采用宣纸、丝绢等材质，从而丰富了这一门艺术形式。

烙画以黑、棕、茶、黄、白五色为主要色调，线条粗细不一、简洁明快。完成一幅烙画作品需经过设计、构图、选料、拓稿、熨烙、修整、平磨、抛光、设色、装裱等步骤，要求创作者了解各种材料的特征，根据构图，需要掌握烙具的速度、控制烙具的温度、把握烙具的角度和压力，使用落、起、止、走、住、叠、圆、回、藏的运烙技巧进行创作。烙画包括点烫、立体烫、面烫、线烫、烘烫、特技烫等多种技法。早期的葫芦、竹木材质较硬且厚实，所以烙制较易控制。宣纸和丝绢较薄，温度过高、手法过重，纸、绢会变焦；温度过低又烙不上痕迹。况且还要根据画面内容进行艺术再创作，因此丝绢烙画、宣纸烙画成为南阳烙画中的精品。

《烙画•两只麻鸭》为典型的烙画创作艺术品。这种古老的艺术形式有着深厚的历史渊源，是我国民间珍贵的稀有画种，堪称“中华一绝”。烙画艺术现在已成为国家非物质文化遗产的重点保护对象。

（图片摄影：吴 勇）

木荷·狮子狗

走进孙新根艺馆，展位的角落里一只可爱的“小狮子狗”引起了我的注意，走近一看，原来它是木荷根雕。《木荷·狮子狗》，长 41 厘米，高 32 厘米，宽 20 厘米。它形体胖嘟嘟的，披有一身棕黄色油光发亮的毛，似乎愉快地摇着尾巴四处乱跑，尾巴上的毛特别长，摇起来像一朵盛开的鲜花，

圆溜溜的眼珠似黑珍珠；四肢短小却很灵活……

木荷是山茶科，属大乔木，高可达 25 米，嫩枝通常无毛。喜光，幼年稍耐庇荫。分布于浙江、福建、台湾、江西、湖南、广东、海南、广西、

贵州等地。木荷既是一种优良的绿化、用材树种，又是一种较好的耐火、抗火、难燃树种。木荷树干通直，材质坚韧，结构细致，耐久用，易加工，常作为纺织工业中制作纱锭、纱管的上等材料。

狮子狗，一种古老的宠物狗，来自中国，是很受人喜爱的贵族宠物。它天性温顺活泼，喜欢家庭环境和整洁的室外环境，在灯下它的眼睛闪闪发亮。中国人也叫它们为福狗，许多艺术作品里描画它们，受到大家广泛的推崇。

根艺作品的人工美是起主导作用的，根艺的自然美是先决条件，同一根材，在不同艺术素质的作者手中就会出现不同层次的作品。孙新从老家觅得这块材料，原来模样并不十分像，经过孙大师高超的技术加工，一只活泼可爱的《木荷•狮子狗》立刻诞生了。一件枯根朽木顿时变成了美妙的艺术品。

（图片摄影：张静庵）

一盘诱人的果蔬木雕

几年前上海展览中心举办的家居展上，一位来自江苏扬州的艺人以纯手工制作的木雕果蔬工艺品深深地吸引了我。这些小把件由小叶紫檀、红酸枝和黄杨木等珍贵木料，全手工雕刻制作而成，品种包括红枣、菱角、荸荠、板栗、葫芦、花生、莲蓬，等等，形象逼真、活灵活现，吸引了不少观众。

我从中挑选了菱角、荸荠、花生等三种色彩逼真、形象极佳的果蔬，每种购买了数件，放在一起，极为有趣。其中的"菱角"采用老红木制作，乌黑发亮，棱角分明，锋芒毕露。让我想起了许多有关菱角的赞美诗句："路人菱湖探菱花，夜开昼合故性寒”“丛丛菱叶随波起，朵朵菱花背日开”“菱儿个个相依生，秋水有情终觉冷”“绕城菱莲一千顷，三秋菱歌满街头”。

木雕“荸荠”以红酸枝木制作，呈扁圆形，上面尖，表面光滑有光泽，紫红色或者黑褐色。因为形如马蹄，“荸荠”也被称为“马蹄”，又因它是在泥中结果，又有“地栗”之称。

木雕的“花生”粒粒饱满，采用小叶黄杨雕刻而成，不仅外观逼真，色泽也几可乱真。花生又叫作长生果，有着健康长寿、多子多福的寓意。这些木雕“花生”虽然单个体积都不大，制作起来却不简单，工艺相当复杂。按照作者说法，他的雕刻工具就是一把刻刀，为达到栩栩如生的效果，下刀的深度要保持一致，每一凿都得非常仔细。

扬州木雕发端于汉代，发展于唐宋，明清达到巅峰，经历了由简单到复杂，由装饰性到艺术性的衍化过程，带有鲜明的地域文化特征。据介绍，扬州木雕选材讲究，极重刻工，意在刀先，刀随画意。采用的刀法主要有平雕、浮雕、镂空雕、立体圆雕等，在具体运用时又要求虚实结合、深浅有度、线条清晰、层次分明，形成了浑厚、古朴、圆润、纤巧的艺术风格，尽显雍容华贵、凝重大气而独树一帜的特征。

这些木雕果蔬不仅寓意美好，而且雕工精美，让人真假难辨。十几个放在一起凑成一盘，引人喜爱，令人赞叹，的确是一组有趣而吉祥的收藏品。

（图片摄影：吴　勇）

载于《新民晚报》2021年4月14日第21版

陈化崖柏·“一鹭高歌”

这件纯天然的陈化崖柏，亦是由中国根艺大师孙新经过反复思考，除了在鸟嘴上动了刀外，其他全身部位几乎未动过一刀。它比例恰当、形体端庄，酷似一只站立在一棵树枝上引颈高鸣的白鹭鸟。作品高131厘米，厚4厘米，宽31厘米，我给它取名“一鹭高歌”。

陈化是指崖柏自然死亡后几十年以上被采集的料子，香味比新料稳重，也好闻，木纹和颜色都比新料更美观古朴。崖柏生长在巍峨高山的悬崖峭壁上，因而得名“崖柏”。虽然崖柏生长的环境险峻，但它却能顽强地存活千百年之久，具有泰山崩于前而岿然不动的傲气和风骨。当崖柏枯死之后，因为木质多含油脂，不腐不朽，而且表面有写意的花纹，就连有节、疤的地方，都具有一种美的风韵。根雕的第一材料一定是崖柏，它形态天然奇妙、肌理自然美丽，油性硬度均为上上选，在收藏界享有盛名。崖柏的珍贵主要是它的天然性，贵在自然。任何工艺品都可以加工，可以成批量地生产，而崖柏却不能，它的成形是大自然的神奇造化。物以稀为贵，自古皆然。崖柏不可再生，不可替代，既不能复制，又不能再生，有它的珍稀性和独特性。好的崖柏根雕，刀工看上去也是极简的，但是这手法可不是简单就能练就的。好的雕工走刀流畅，不滞于物，而这只是做好根雕的基础。

树根造型古代已有所见，例如：树根桌子、椅子、茶几等。唐宋有之，明清更有发展。孙新认为，树根造型的艺术特点主要是贵在天然、神奇造化、独一无二；妙在利用大自然所赐的树木特有的疤、瘤、纹、蚁痕、水迹，纯净粗犷、朴素、野趣、荒寒共生的肌体，采用非现实主义创作；难在掌握好分寸与火候，太仙则媚俗，不似则欺世；精在动刀面多少、位置的选择，往往取决于作者的造型功力和对树根造型的理解，雅俗高低则系于根艺家的艺术修养。历经风刀霜剑的磨炼，崖柏的枝干曲折妖娆，跌宕多姿，有的似摇曳多姿的丝飘带；有的似腾云驾雾的飞龙；有的似飞流直泻的瀑布……真是千姿百态。《陈化崖柏•一鹭高歌》便是一个有力的佐证。

（图片摄影：张静庵）

金丝柚木·榕树

《金丝柚木·榕树》为中国根艺大师孙新所创作。作品长 70 厘米，高 85 厘米，厚 23 厘米。该根艺造型怪异，酷似一棵根系盘根错节、枝繁叶茂的大榕树。

金丝柚木又称胭脂树、紫柚木、血树等，是一种落叶或半落叶大乔木，树高达40—50米，胸径2—2.5米，干通直。树皮褐色或灰色，枝四棱形，被星状毛。叶对生，秋季开花，花白色，是热带树种，可入药，也是制造高档家具地板、室内外装饰的材料。金丝柚木号称是缅甸的国宝，价格相当昂贵。

榕树，大乔木，高达15—25米，胸径达50厘米，冠幅广展；老树常有锈褐色气根。树皮深灰色。叶薄革质，狭椭圆形，表面深绿色，有光泽。榕树除了可以作为行道树与庇荫树，还可以作为园林景观树与孤赏树，充分发挥其观赏价值。一般来说，种植一些高大的榕树如万年阴与大叶榕等，能够增加园林景观的整体气势；同时可以在榕树下构筑一些石桌石椅，摆一张残局，燃一缕清香，形成一种古朴自然的风景氛围。雕刻艺术创作风格很少体现在根雕作品中，著名艺术家齐白石曾说："太似为媚俗，不似为欺世。"中国艺术美学原则之一是妙在似与不似之间，根艺的高妙之处，以神采意境为上，表象形质次之，二者兼有才称为佳作。这棵外形像盘根错节的榕树作品，看上去似乎只是一个简单的画面，但画面之外却带来无尽的想象空间。能让我们去猜测和遐想的都是对的，都是有意义的解读。这归功于作者采用了写意手法，把"仿雕"演绎得如此神奇，但不管怎样，作品的核心内容是要艺术化表达这棵树的具象。同时，具象已经不重要了，它变成了一种抽象的精神归宿。这是创作者对客体，包括材料和描述的深层思考，具有哲学意义。创作者因材施刀，依天然之趣，不避材质缺陷，化腐朽为神奇，从而达到意在神美、微妙玄通的艺术效果。这是创作者师法自然、感悟人生和具有较好美学修养的外在表现。

《金丝柚木•榕树》是这件自然根艺的成功之作。福建四季如春，山多林密，灌木丛生，山石嶙峋，并因海洋气候影响，树木的根须特别发达，产生出奇异多姿的树根。此类树根多隐藏于险崖陡壁上、断岩乱石中及溪涧急流处，想找到一个理想的素材需花费很大精力，往往跋山涉水穿林过壁，真可谓"看千根而不遇，相万木方一得"。根艺大师孙新坚持认为要立志献身根艺创作事业，不仅要有强健的体魄，而且还要有不怕困难、不怕牺牲的精神，方可求得一个理想的素材。

（图片摄影：张静庵）

红酸枝·鹦鹉名片夹

根的艺术，有着十分悠久的历史。我国劳动人民很早就有利用树根、竹根创造艺术形象和日常生活用具的实践活动，在原始社会用木锄松土，古帝少昊时期雕刻木像，商周时期就开始了造木人等木雕作品。华夏祖先不仅采用木、玉、骨、石以及贝壳等各类物品制作装饰品，同时也采用树根或竹根制作装饰品。根的艺术同其他工艺美术一样，从原始人的劳动中逐渐产生了。

这是一段随形红酸枝木，经过根艺大师巧妙构思、设计而成。左侧一端自然裂缝，稍加处理，自然成为插名片的空间位置，而右侧和中间相对完好

部分，随意雕刻了一对栩栩如生的鹦鹉，使名片夹顿显生气。作品长 41 厘米，高 15 厘米，宽 9 厘米，成为一件观赏和插名片的实用工艺品摆件。

红酸枝木是热带常绿大乔木，豆科檀属木材，主要产于印度及东南亚各国。红酸枝木的新切面有酸枝木特有的酸香气，属于红木的一种，多用于制作红

木家具、红木装饰、小饰品等。由于它质硬密耐腐蚀，木纹清晰，色泽美观，其材料大都来自树根，很多树根长得盘根错节，非常具有观赏性，可做乐器、高级家具、雕刻工艺品。

要正确欣赏一件艺术品，欣赏者也要有一定的艺术修养、艺术感悟力，有一定的美学知识。根雕的妙在于似与不似之间，只有善于观察、善于发现，才能从形里找出它的神韵，找出它的奇、特、怪、妙之处。欣赏者只有充分发挥想象力，才能领略作者的意图，甚至可以突破思路，找到更深的内涵。根艺与其他艺术相比，有自己的特性，其中最本质的特征是自然性。其他类别的艺术大都凭艺术家们主观创作而成，而根雕的艺术则是根据原材料的自然形态，因势造形、因才施艺，“七分天成，三分人工”制作而成，集中体现自然美，而且由其自然性又导出了它的唯一性。大多数艺术品经过高手仿制达到乱真的地步，而根艺品是大自然“鬼斧神工”力量的体现，是人难以仿制的，可以说世上每一件根艺品都是唯一的，所以它的收藏价值可见一斑。

将《红酸枝木•鹦鹉名片夹》置于书桌上，自然成为一件高贵优雅的摆件，同时又可以作为名片夹或镇纸，充分体现作者崇尚自然的性情和高雅的情趣。

（图片摄影：张静庵）

崖柏·仕女

那是2012年春天，迎春花开放的季节，我与邻友阿长，赴甘肃天水寻觅神奇的六道木（也称降龙木）。在天水伏羲广场的一家根艺店铺里，觅得这件根艺作品（见下图）。当时柜台上绝大部分是六道木根艺，我却被这件“崖柏·仕女”深深地吸引了，它高28厘米，直径9.5厘米，仕女梳垂髻，身披长纱衣，整体呈“S”形，姿态婀娜。

在传统文化中，仕女代表的是那些美丽聪慧，且有一定文化素养和社会地位的女子。宋孟元老《东京梦华录·潘楼东街巷》中写道：“又接东则旧曹门街北山子茶坊，内有仙洞、仙桥，仕女往往夜游，吃茶于彼。”说的是繁华胜景，仕女夜游的风景。元石德玉《曲江池》第一折：“你看那王孙蹴踘，仕女秋千，画屧踏残红杏雨，绛裙拂散绿杨烟。”这里将仕女与王孙相提并论，可见其社会地位。在我国传统绘画艺术中有专门的“仕女画”类别，历代艺术家都会依循心中的“美”来塑造仕女形象。张光福《中国美术史》也提及“唐寅能诗工画，既画人物、仕女，也画山水、花鸟。”

崖柏主产于中国四川大巴山、华北地区太行山脉，一般生长在海拔700米至2100米的悬崖峭壁的崖缝中。崖柏的陈化料一般色彩偏深，而生料的色彩偏浅发白。它是崖柏的树皮、边材在悬崖上完全风化朽落，只剩下木芯部分，也被称为风化料、脱骨料、舍利料。这件崖柏仕女其实是店主女儿的作品，看似只是随意之作，但我感觉这块陈化料相当出色，仔细观察仕女头部还带有深色的留海细丝状纹路，酷似仕女的秀发。

《崖柏·仕女》质感硬脆，包浆凝重，拿在手上感觉沉实，可见密度较高，其形天然成趣。仔细观察可以发现，它的纹理非常细腻，即使在粗看没有花纹和瘤体的地方，若用放大镜细看，仍然可以看到星点状微小纹理，这些都符合崖柏老料的特征。没有树皮，没有边材，那一道道沟壑，代表的是岁月，是沧桑，是顽强。根艺者崇尚追求的就是此类材料。

迷你竹·桌椅

那是几年前去浙江旅游，在一家工艺品铺买的一套迷你竹·桌椅家具。一张方桌：长、宽 8 厘米，高 8 厘米；四把靠背椅子：长 6.2 厘米，高 9 厘米，宽 6 厘米。虽然很小，但编织精心，做工讲究，见者无不啧啧称奇，于是我当场买下了。

竹制家具，很多人见过，除了竹椅、竹凉席，还有竹地板、竹茶几、餐厅家具等。它是一个新兴的低碳产业，竹材因其无须栽植，生长快速，材质硬度高，超强的韧性，不论从环保还是耐用度、舒适度来说，竹家具毫不逊

色于其他的家具，是取代实木的理想家具用材。

用竹子做成的家具显得很轻巧，使用方便，价格便宜，受到很多人的喜欢。尤其在南方，盛产竹子，取材用料方便，很多家庭都使用这种家具。竹家具有很好的防潮性，还可以防虫蛀，结实耐用。因为之前经过水热碳化处理，竹子更加坚固耐用。很多竹家具并不需要用黏合剂，这样就减少了甲醛等有害物质的侵袭，对于老人和孩子的健康安全更有保障。

随着家具款式的不断更新，竹家具的样式也更加丰富了。从传统的简易家具到现在各种风格的家具，竹家具迎来了发展的春天。有欧式风格的竹家具，做工精致，样式美观大方，还有中式竹家具，简朴中有一种华丽的感觉，有更好的装饰效果。竹家具的功能也越来越齐全了，从最初简单的柜子、椅子，到现在的书桌、储物柜等一系列的家具，为我们带来了更多的便利。

自古以来，民间常喜用各种竹子制作各类家具，并大多仿照木家具的造型，产品富有鲜明的民族特色和传统风格。此类家具以浙江、湖南、福建、江苏等地出产的较为著名，相传已有六百多年历史。《迷你竹·桌椅》工艺品的觅得，为我的收藏增添了一份美妙的情趣。

（图片摄影：吴 勇）

龙眼木大画桶

多年前，我在九星市场的一家闽榕大型根雕馆收下这件龙眼木大画桶。该桶高 95 厘米，上口径 55 厘米，底径 45 厘米。它是福建龙眼木根雕中最具代表性的工艺品，也是中国木雕艺术中独具风格的汉民族传统工艺品。因其使用的雕刻材料是福建盛产的龙眼木而得名。

龙眼木（即桂圆树）材质坚实、木纹细密，色泽柔和，老的龙眼树干，特别是根部，虬根疤节、姿态万状，是木雕的好材料。龙眼木雕在清代已有发展，主要产地由福州发展到莆田、泉州、惠安等。木雕艺人常利用它的根部及曲折疤节，因势度形雕成各类人物、鸟兽，造型生动稳重，结构优美，既符合解剖原理，又动人夸张，刀法上或斧劈刀凿，或细腻刻画。

这件龙眼木大画桶，就是以其独特硕大的根体，与之苍劲雄浑的美妙根躯完成了一件大气天然的大画桶作品。作品是全天然的，未经雕刻打磨，是根艺市场上难得一见的大器。外表只需稍加搓磨便使桶体浑圆光亮，即成一件光亮精美、非凡的木雕工艺品。龙眼木大画桶造型生动稳重，木纹流畅、富有质感，色泽古朴稳重，具有厚重的“古董”之美。

龙眼木雕源于唐宋时期的寺庙建筑和神像雕刻。明末清初，建筑与佛像雕刻开始分离为不同类型的雕刻体系，为适应民间敬神拜佛的习俗，从大型佛像雕刻转而发展为室内陈列欣赏艺术品。

《龙眼木大画桶》是我从远在闵行的九星市场觅得的，它的分量之重，是我无法搬动的，我最终叫了一辆货运车，才将它搬到自己的家。

（图片摄影：吴 勇）

杜鹃根·根艺茶座

这件根艺茶座至少陪伴我二十年了，由于我酷爱艺术品，其中根艺也是我非常喜欢的一项，占我收藏中不小比例，从笔架到笔筒，从花架到底座，从小到几厘米至大到近二米的摆件应有尽有。这件茶座收藏的时间比较早，那还是我从虹桥地区的虹井路花卉市场一位广西老板那儿买来的。我是他的老客户，每当进货之时，他一定及时电话通知我去，往往是货运大卡车还没卸货，我早已经赶到，守候在那里了。

广西地区，因气候适宜，因此树种繁多，根艺材料非常丰富，这件茶座材料是杜鹃根。我见到不少大大小小的杜鹃根，但是像如此大的杜鹃根却从来没有见过。杜鹃，又称山石榴、映山红，本身属杜鹃花科落叶科目，系矮小的落叶灌木。杜鹃主要生长于海拔500—1200米的山地疏灌丛或松林下。喜欢酸性土壤，在钙质土中生长得不好，甚至不生长，因此土壤学家常常把杜鹃作为酸性土壤的指示作物。中国是杜鹃花分布最多的国家，约有530余种。杜鹃树分枝一般多而纤细，可以地栽，也可以盆栽，是中国十大传统名花之一。我们在普通花鸟市场上见到的，大部分就是种根，但往往是放到金鱼缸里用的。我这件根直径大约85厘米、高51厘米。为了方便使用和确保观赏效果，我特意配了一个直径90厘米、厚6毫米的钢化玻璃作台面。

为了保持全天然和原生态的气氛，我另外依据杜鹃根座，相应选配了四个漂亮自然造型的根艺座，当作木凳用，高37厘米，直径为45厘米。凡是进入我客厅的人们都会赞不绝口地夸奖这套自然漂亮美丽的根艺茶座，谁知道为了搞到这件茶座，不仅花费了我不少钱，更是花费了我不少精力。但我却还是心甘情愿，它给我这个根艺收藏爱好者带来了无限美好的喜悦！

（图片摄影：吴 勇）

黄杨木雕·布袋和尚

我原在外滩 23 号工作，因喜欢收藏艺术品，离我不远的友谊商店，是我经常会光顾的地方。2002 年的岁末年初，上海友谊商店因外滩源工程的改造要搬迁，在迁址前，该店进行了几番库存处理活动。这款《黄杨木雕·布袋和尚》摆件，非常令我喜欢，是我当时收下的摆件之一。

该摆件高 16.5 厘米，长 32 厘米，宽 8.5 厘米。内行人懂得友谊商店因是对外窗口，它进货的渠道一是来源正，二是档次较高。如同这款黄杨木雕，该作品继承了我国传统的圆雕雕刻技法，造型丰满浑朴，局部点彩。人物神情和蔼，僧袍宽解，衣袖飘逸自如，栩栩如生。不仅开脸好，阔脸笑容满面，大耳垂肩，袒胸露腹，大腹便便，云游四方，乐善好施。据传由印度传入东土的弥勒，在中国的浙江奉化找到化身，他就是产生于唐末五代后梁时期的布袋和尚“契此”。和尚外号“长汀子”，身材矮胖，肚子特大，形如疯癫，寝卧居住没有固定地方，拿着一根木杖，四处云游募化，能预言人间吉凶，预测天气变化。平时说话嬉笑怒骂，却颇有哲理，举手投足，皆有寓意。没有人知道他的身世经历，由于他经常背着一个布袋，故而称他为“布袋和尚”。

“云海万里喜事多，宽容坦荡观风烟。”这是《黄杨木雕·布袋和尚》的生动写照。嘻嘻哈哈肚大量大的布袋和尚，广为民间喜爱和流传，峨眉山灵岩寺弥勒佛殿的一副对联写得好：“开口便笑，笑古笑今，凡事付之一笑；大肚能容，容天容地，于己何所不容。”他给人欢喜快活、逍遥自在、大肚能容的深刻印象，平日手持禅杖，肩荷布袋，所有供身资具通通放在囊袋中，以禅机点化世人。

（图片摄影：吴 勇）

天然根艺大果盘

这是一件来自甘肃天水的罕见天然的根艺，取材椿树，四周卷曲自如，顶边还附着一朵花，整器完好无损，嫣然似一件漂亮的大果盘。该果盘长 66 厘米，宽 27 厘米，高 16 厘米。

椿树，落叶乔木，高可达 20 余米，树皮平滑而有直纹；嫩枝有髓，幼时被黄色或黄褐色柔毛，后脱落。分布于中国北部、东部及西南部。椿树树干

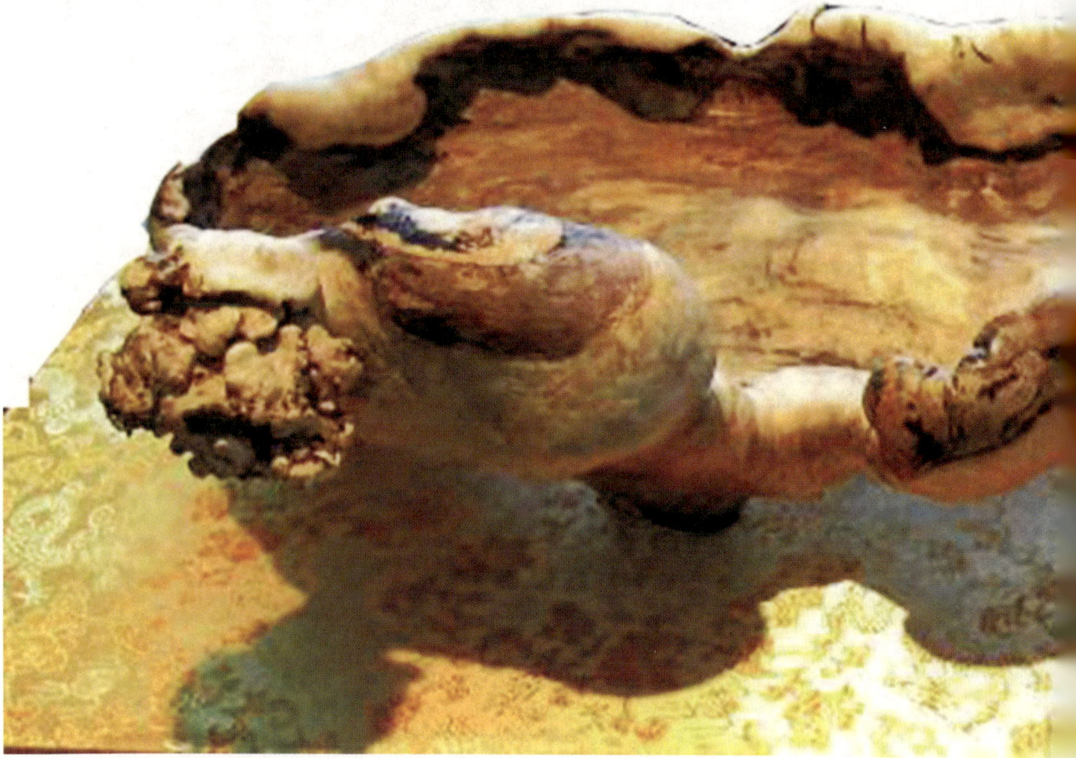

通直高大，树冠圆整如半球状，颇为壮观。叶大荫浓，秋季红果满树，在国外常作行道树用，颇受赞赏而称为天堂树。除此之外，椿树还有着不错的寓意，因为其易长而长寿，被视为健康、长寿的象征。不少地方盛行“摸椿”风俗，除夕晚上，小孩手摸椿树，绕树转几圈，祈求快快长高；或在正月初一早上，小孩抱着椿树念：“椿树椿树你为王，你长粗我长长。”虽然椿树开花时有微臭但并不严重，春季嫩叶红色，秋季红果满树。多见于北京民居四合院中。因它具有较强的抗烟能力，所以是工矿区绿化的良好树种。椿树喜光，不耐阴。适应性强，除黏土外，各种土壤和中性、酸性及钙质土都能生长，适合生长于深厚、肥沃、湿润的砂质土壤。

《天然根艺大果盘》不愧为一件天然难得的根艺观赏品，还是一件非常实用的可摆放水果的日用品。

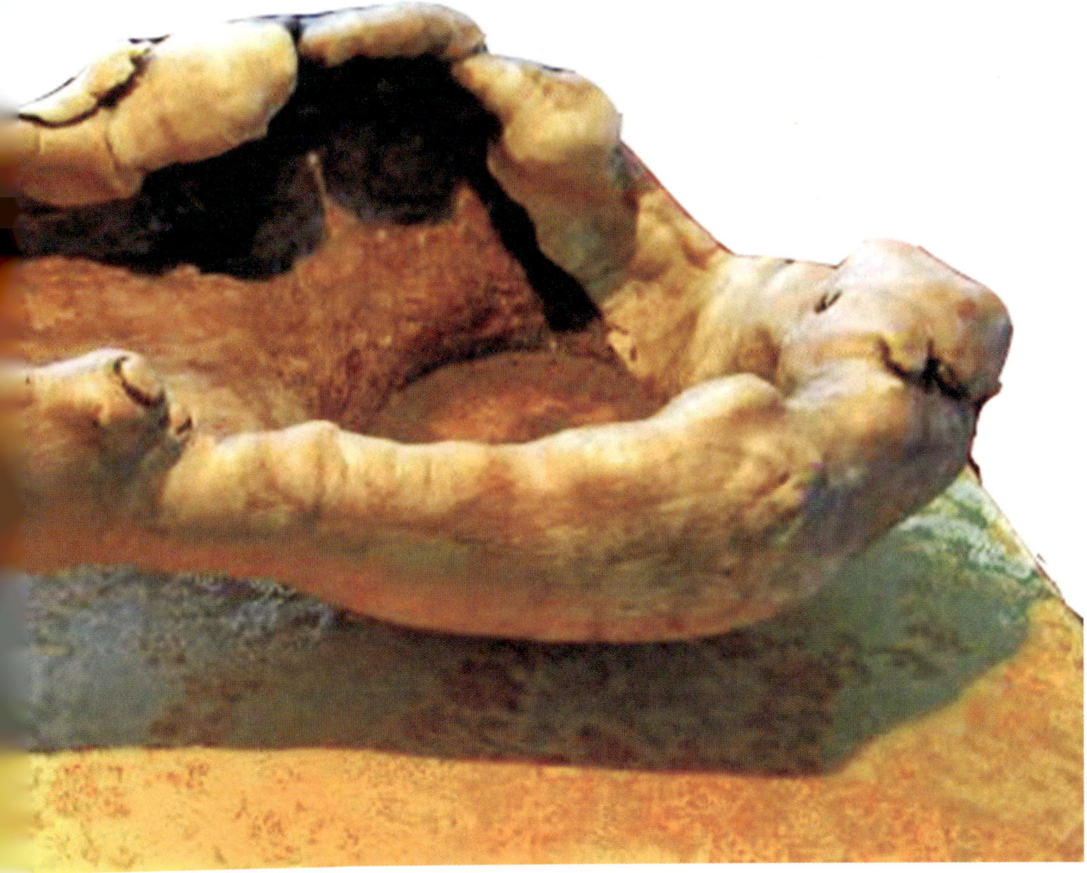

崖柏根艺·蚌

崖柏根艺，是一种工艺品。市面上所称的崖柏工艺品实为侧柏而非植物学上的崖柏。由于崖柏存世量极少，且形态天然奇妙、肌理自然美丽，油性硬度均为上上之选，为根雕的第一材料，故崖柏根雕作为根雕之皇冠，在收藏界享有盛誉。

中国根艺大师孙新取材一块太行崖柏老茬头材料，在不动刀雕琢的前提下，稍加整理，一件硕大的酷似河蚌映入眼帘。它长 63 厘米，高 29 厘米，厚 19 厘米。河蚌是软体动物门蚌科的一类动物统称，分布于亚洲、欧洲、北美和北非。崖柏根雕讲究意在刀先，一件好作品的创作，往往是建立在对材质充分合理的利用基础上的。首先要对根材进行深思熟虑的构思、比较以及设计。与木雕不同的是，根艺作品要考虑完整性和造型感，料是否完整，将极大地影响到根雕作品的观赏性和收藏价值。

“对崖柏根雕，主要从完整性、肌理、形态、颜色、油性、年份、刀工等多个指标进行考察，即便有好的料和好的刀工，未必就一定会有好的作品，对崖柏根雕更深层的评判是来源于对其整体意境的考察，这也是一件崖柏根雕作品是普品、精品还是藏品级的主要标准。”孙大师如是说道。

他是这样说的，也是这样做的。只有这样，才能使根艺达到天工的自然美与人工的艺术美的和谐统一，“天趣”与“人意”完美融合。《崖柏根艺·蚌》“就是一件达到气脉贯通、人同天构的好作品”。

（图片摄影：张静庵）

火土艺术

原野
收藏拾珍

陶艺·蜗牛

这件昂首挺胸、有着紫色靓丽外壳的《陶艺·蜗牛》产自陶都淄博，是三十多年前在南京路花鸟商店觅得的。初时由于价格较高，我也曾犹豫再三，但终不敌其美妙风姿的诱惑，断然掏钱买下。

蜗牛是生活在陆地上的螺类，属于软体动物，腹足纲。蜗牛是牙齿最多的动物，但它们无法咀嚼食物。这是因为它的牙齿颗粒极小，呈带状结构，只能慢慢碾碎食物，以便消化。这些微小的牙齿会慢慢磨损钝化，而后被新牙取代。蜗牛的躯体包括眼、口、足、壳、触角等部分，它们的壳有宝塔形、陀螺形、圆锥形、球形、烟斗形等等，且色彩丰富。蜗牛爬行虽慢，但一旦认准了方向，就会一直专注朝着这个方向前进。在许多故事中，蜗牛都有着坚持不懈、锲而不舍的寓意。

这件《陶艺·蜗牛》作品长12.5厘米，高10厘米，厚6.5厘米。三十多年过去了，风姿依旧，艳丽如初。虽然它背负着重重的壳，迈着艰难的步履，却一步一个脚印，不惧路途遥远，充满了希望和执着。我时常把玩这件陶艺作品，也时常以百折不挠的蜗牛精神勉励自己。

载于《新民晚报》2021年7月7日第21版

陶艺·卷心菜

一个周末下午，我独自闲步来到了莫干山路 50 号，这里是上海 M50 创意园的中心地。它是以视觉创意艺术为主题的创意园，环境幽雅。我漫不经心地从艺术中心主轴大道走去，随意进入了左侧一家工艺品商铺，里面摆放着琳琅满目各式各样的手工艺品和装饰品。这件形象逼真、制作精美的卷心

菜作品，首先映入了我的眼帘，将我深深地吸引了。店主主动向我介绍，它是由上海大学艺术系的学生利用课余的时间创意的作品，我爱不释手地将它捧在手上。类似这样的作品仅此一件，我立刻就收下了这件宝贝。

这颗色彩、大小和模样逼真的卷心菜，直径为 14.5 厘米，高 10.5 厘米。卷心菜，学名结球甘蓝，是十字花科、芸薹属的植物，为甘蓝的变种。又称洋白菜、圆白菜、疙瘩白、包菜、包心菜、高丽菜、莲花白等。北方又称大头菜。它来自欧洲地中海地区，我国各地都有栽培，因其产量高、耐储藏，是四季的佳蔬。这颗呈扁圆形的卷心菜，颜色是淡绿色，看起来像一个绿色的大脑，更像一个绿色的皮球。包心菜的每一片菜叶从根部到顶部都有一根白色主菜茎，越到菜叶顶部，分叉越多也越细。这件令我喜欢的作品，让我思绪万千，我深深钦佩艺术学院学生们的艺术创作灵感，他们能贴近生活、体验生活，创造出如此生动、美好的作品。

莫干山路 50 号是艺术家的殿堂。现在，有国内外一百四十多个画家的画廊、工作室等在这里聚集，许多著名的汽车、服装、电子产品品牌在这里举行过大型的推广活动。相比上海的热门旅游景点，这里更显得安静，创意园的游客并不特别多，但是随处可见的都是艺术作品和造型设计别致的小店，它们为 M50 增添了不一样的色彩。在这里远离城市的喧嚣，脱离了魔都快节奏的氛围，店主也大多高冷，不会热情推销，可以舒心、安静地待上几个钟头，感受一下古典与现代、中国古风与异国文化的结合所带来的奇妙视觉感受，真是一个难得的去处。

步出室外，越过满是街头涂鸦的建筑，到江边眺望着远处灰沉的摩天大楼，更是海阔天空，让人心旷神怡。

（图片摄影：吴 勇）

颍上泥塑·看戏

2006年秋，上海友谊商店迁至曹家渡不久，工艺品柜台上摆放了不少来自各地的民间手工艺品，其中产于颍上县古城乡，用当地泥土经制坯上彩，精塑而成的多种泥人产品栩栩如生、呼之欲出。我从中挑选了几件喜欢的小泥人。颍上县，隶属安徽省阜阳市，颍上历史悠久，早在三千多年前的西周

时期就已建立邑治，周为“慎邑”，秦置“慎县”，隋大业二年（公元606年）改称“颍上”。位于安徽省西北部，淮河与颍河交汇处、淮北平原最南端。

我以小品组合的方式完成此件《看戏》的作品。人物共有四人，主角是

一位打鼓的艺人，正在有板有眼敲着鼓，津津有味地说着单口相声。两位小朋友正在听戏，一位年龄稍大的孩子，还特别认真，瞪着两只眼睛，听得简直入了迷。刚刚打完水累得满头大汗的一位小和尚，将水桶扔在一边，早已呼呼大睡了。我采用一块漂亮的随形樱木作底板，整件作品顿显靓丽无比，画面生动，表现出了构思清晰、主次分明、色彩鲜艳、动静相宜、情景交融的完整画面。

作者史悠荣是浙江嵊州市人，原是一名知青，出于对手工制作泥人的特殊爱好，白手起家，开办了一家泥人厂，几年下来，不但取得了明显的社会效益，而且经济效益也很丰厚。他带着生产的泥人走遍全国各地，边宣传边推销边征求客户意见，在不断总结经验的基础上，大胆改革泥人制作，既生产制作以无锡惠山为代表的变形夸张写意为主的南派艺术泥人，又生产以天津“泥人张”为代表的写实逼真、栩栩如生的北派艺术泥人。泥人素材以历史题材、传统故事、四大名著为主，凡是人们喜闻乐见的，市场适销对路的，他都设计生产，所生产的产品有浓郁的乡土气息，小巧玲珑，价廉物美。他的产品销售到国内许多城市，并与法国、德国等国签订了销售合同，产品走出了国门。有的产品被选为礼品赠送外宾；在全国第三次戏剧节上，泥人脸谱被选为大会礼品；许多国家级饭店、宾馆把他的产品作为礼品赠送给客人，受到国内外朋友的喜爱。

以儿童游戏活动为主题的陶瓷作品，早在唐代的长沙窑就已有描绘。千百年来，“婴戏”题材一直受到人们的喜爱，它体现了人们对美好生活的向往和对人生真善美的孜孜追求。

（图片摄影：王 路）

唐三彩·仿清赏瓶

多年前，我在华宝楼二楼工艺品柜台觅得此瓶。该器不大，釉彩鲜明，色彩靓丽，造型传统，为新制唐三彩瓶。高 14.5 厘米，口径 5.8 厘米，胸径 11 厘米，底径 7.5 厘米。其实，它造型仿清赏瓶。清赏瓶瓶撇口，长颈，肩凸起弦纹，圆腹，圈足略高，微向外撇。其主体图案多为青花绘缠枝莲，辅以海水、如意云头、蕉叶、回纹、变形莲瓣和忍冬纹等边饰。足内楷书“大清光绪年制”六字款。其寓意，“青”代表“清”，“莲”代表“廉”，“青”“莲”合在一起，隐含清中晚期希望时政“清廉”意愿。因此说，该器实为仿清赏瓶造型。唐三彩釉陶器，是一种盛行于唐代的低温釉陶器，釉彩有黄、绿、白、褐、蓝、黑等色彩，而以黄、绿、白三色为主，人们习惯称之为“唐三彩”。它最早、最多出土于洛阳，亦有“洛阳唐三彩”之称，在中国文化中占有重要的历史地位，并在中国陶瓷史上留下了浓墨重彩的一笔。

唐三彩诞生于唐代。首先，成熟的陶瓷技术是唐三彩诞生的物质基础；其次，唐代盛极一时的厚葬之风是促成其诞生的直接导向；第三，唐代各个领域的历史文化是孕育其最好的艺术养料。辉煌璀璨的唐三彩，其绚丽斑斓的艺术效果在雕塑精美、造型生动的俑上得到了淋漓尽致的展现。这种多色釉的陶器以它斑斓釉彩、鲜丽明亮的光泽、优美的造型著称于世，是中国古代陶器中一颗璀璨的明珠。据考古界的挖掘，在丝绸之路、地中海沿岸和西亚的一些国家都曾经挖掘出来过唐三彩的器物碎片。日本奈良时期曾经仿制中国的三彩制作出三彩器物，当时被称为奈良三彩；朝鲜的新罗时期也仿造中国的三彩制作过三彩的器物，叫新罗三彩。正因为唐三彩有如此的魅力，如今，喜爱收藏唐三彩的人越来越多。唐三彩的复制和仿制工艺在洛阳已有上百年的历史了，经过历代艺人们的研制，使“洛阳唐三彩”的工艺技巧、艺术水平达到了一定的高度，唐三彩的制作工艺也得以继承和发展。

产自洛阳的新型花瓶，结合唐三彩的亮丽，又有景泰蓝的立体感，纯手工制作。古时候花瓶多是家中镇宅的物品，且“瓶安”和“平安”谐音，所以送花瓶的寓意是平平安安，也是对别人的一种美好祝福。此外还有代表财运和福气的意思，一般朋友开业时赠送最佳，寓意财运来临、吉祥富贵。

（图片摄影：王 路）

士朴制陶·蟹篓

紫砂是一种介于陶器与瓷器之间的陶瓷制品，其特点是结构致密，接近瓷化，强度较大，颗粒细小，但不具有瓷胎的半透明性。

士朴紫砂《蟹篓》，造型逼真，制作精细。高 12.5 厘米，口径 7.5 厘米，胸径 13 厘米，底径 7 厘米。两只螃蟹和一只螺蛳呈对应状，攀爬在竹篓口上。一般来讲，竹编器轻灵纤巧，紫砂器则厚重朴实。用紫砂天生的泥性要做出竹子，凸显竹丝的空灵质朴之感，远非一日之功可达。制陶人士朴为之付出的心血可想而知。在他的代表作“蟹篓”中，竹篓为扁圆形，篓体上无数条竹丝纵横交错，以匀称的手法编织出轻巧的竹篓；竹篓上，两只小螃蟹正在悠闲地玩耍；正中还吸附着一只螺蛳，真是妙趣横生。竹本身有深刻的意境，加上篓体呈瓶形，寓意“竹报平安”，一种好日子带来的幸福感跃然而出。

所谓紫砂竹编，形体外形经手工雕刻成“竹丝”，通过多道工序，使形体上的篾信纵横穿梭，凹凸有致，从而形成逼真的蟹篓工艺品，不仅具有广泛的实用性，而且具有很高的观赏价值，回归自然，令人爱不释手。一个有作为的艺术家，应该是一个心怀天下的艺术家。在士朴的作品当中，时时刻刻可以看到他对时代的关注和热爱。他以“菜篮子”这样一个人们天天拎着的、普通而又具体的事物，形象地诠释了“民生”这一主题，歌颂了改革开放为人们带来的富足生活。作品贴近生活，创意新颖，形象生动，工艺精湛，把一个身居艺术殿堂、心怀民生天下的艺术家的胸怀体现得淋漓尽致。一个没有生活的艺术品，不能称为真正的艺术。反之，真正的艺术，也正是从人们生活的一事一物当中汲取元素、琢磨而成的。对于士朴来说，一只竹篓，足以让他在烟雨平生中悟尽生活的真谛。

把这种感悟倾注在艺术创作当中，便似乎悠然产生一曲空灵婉转的山歌，在紫砂中欢唱。这真是“竹影添秀色，蜀山古韵多”。

（图片摄影：吴 勇）

颍上泥塑·躲猫猫

2006年秋，在上海友谊商店四楼工艺品柜台，我选购了这三件泥塑人物。闲暇时将它们拼起来，还选择了一方黄太湖石和一件漂亮的随形樱桃木作底板，组成了一个小品《泥塑·躲猫猫》作品。画面中在一方有着玲珑剔透之姿的太湖石旁，在优美自然的环境下，三个孩童在玩“躲猫猫”的游戏。“躲

猫猫”亦称捉迷藏，是两千年前流行于希腊的游戏，蒙住一人双眼，把他转得不辨方向，然后众人出声呼喊，蒙眼者闻声追扑。

在《泥塑·躲猫猫》中，一个娃娃正翘首以盼，瞪着双眼，抬头在望，期待游戏开始；不料中间的娃娃却低下头来，说：“我要拉尿了！”更糟糕的

是最右边穿着绿色肚兜的娃娃因闹肚子，急得哭了起来，并用手擦着泪水……构成了一幅纯真率意、生动有趣的画面。欣赏的过程是心灵与自然沟通的过程，也是意识与形态相互转化的过程，“惚兮恍兮，其中有象”，似与不似间——给人以遐想，凝视间如入其境，在情景交融中体验动人的意境。

陶是土的艺术，火的艺术，更是人生的艺术。陶艺就是以独特的艺术语言和丰富的表现力吸引众多艺术家、陶艺爱好者、学生以及少儿从事陶艺创作或制作。这里的三件泥塑作品都是史悠荣的作品，他是浙江嵊州市人，原是一名知青，1979 年回城后，出于对手工制作泥人的爱好，聘请当地三位美术大师做技术指导，白手起家，开办了一家泥人厂。后来由于种种原因，泥人厂被合并。后来，一个偶然的机会，史悠荣来到安徽颍上县，这里的剪纸、年画、陶器等民间艺术源远流长，他又在这里开办了古城泥人厂。

颍上泥塑散发着浓烈的泥土芬芳，颍上彩陶更是以独树一帜的艺术风格，体现了敦厚朴实和大拙大巧的审美意趣，反映着中国民间艺术崇尚自然、追求和谐的审美趋向，是我国民间艺术的一朵奇葩，并被列入国家级非物质文化遗产名录。颍上古城泥人主要用当地泥土，经制坯上彩，精塑而成，在泥人制作工艺方面，既有以无锡惠山为代表的变形夸张写意的南派艺术泥人，又有以天津“泥人张”为代表的写实逼真、栩栩如生的北派艺术泥人。目前的数百种泥人产品有着独特的造型艺术，保持着古老的风韵，栩栩如生，惹人喜爱。设计制作的泥塑儿童或玩耍，或嬉戏，千姿百态，妙趣横生。此外，还有和生肖图案、各种吉祥器物、儿童游戏结合的泥塑，象征着多子多福，生活美满。

事实上，以儿童游戏为主题的陶瓷作品早在唐代的长沙窑就已有淋漓的描绘，千百年来，“婴戏”题材一直受到人们的喜爱，它寄托了人们的美好祝愿。

载于《新民晚报》2021年6月9日第20版

惹人喜欢的石湾陶塑

到石湾古镇最令人兴奋的事，莫过于穿街走巷，进铺买石湾公仔了。好在石湾寻觅陶塑较集中，主要在广东省佛山市禅城区石湾镇街道及周边地方到处可见。十年前，觅得的两件“罗汉”便是一例。

《铁拐李》（见图右）长 8 厘米，高 4.5 厘米，宽 5 厘米；铁拐李背着一只葫芦，行走江湖，施药于人间，病者求之，无不灵验。铁拐李功德圆满，回到老君所谢罪，被玉帝封为上仙，于是乘云琼岛，跨鹤瑶天。每降凡间，就到贫苦百姓中去，普救众生。《不求人》（见图左）长 8 厘米，高 6 厘米，宽 5 厘米。刻画的是一个和尚长期不洗澡，背部瘙痒难忍，他用“不求人”睁一眼闭一眼，嘴角还往上翘，一幅极其享受的情景，生动刻画人物的神态，赢得了爱陶人的喜欢。两件陶塑已陪伴我二十多年了，虽不成套，但造型生动、相当别致、很见功底，这种陶艺人随意创作的作品，往往是孤品，普通市面上难得一见，当即被我收为囊中之物。当然著名陶艺老人黎五妹的作品个体更小，号称“迷你公仔”，我更是收了不少。

以人物造型为代表的“石湾公仔”陶艺形神兼备，它吸收各种艺术精华和适度夸张相结合，兼有生活趣味和艺术品位，形成了独特鲜明的岭南风格。其制作分为构思、炼泥、成形、装饰、上釉和煅烧六个过程环节。在产品的施釉技术方面，也是多法并用，经常采用的上釉方法有搽、挂、挡、泼、刮、雕等十多种按法，各种单色釉和复色釉都要求有艺术效果的大统一和小变化，因此，窑变也是石湾美术陶瓷工艺产品的一个主要特色。国家非常重视非物质文化遗产的保护。

石湾陶，从东汉墓出土的陶塑就见其艺术雏形。唐、宋时，已形成一定制作规模，生产的日用陶瓷、艺术陶塑、建筑园林陶瓷、手工业用陶器沿着海上丝路大量出口。宋代是陶瓷极盛时期，陶器的造型及装饰手法都注入了艺术表现形式，器形饱满、均衡，线条流畅，富有变化，种类也比唐代丰富得多。明代以后，种类和题材则渐趋广泛，渔、樵、耕、读、牧、弈、饮、琴、游、戏乃至拍蚊、搔痒、挖耳等百姓日常劳动、生活情景，各类花鸟虫鱼、野兽家畜与菜蔬瓜果等百姓熟悉的事物，以及达摩罗汉、观音、寿星、济公、八仙、钟馗、关公等百姓熟悉与喜爱的神仙人物与历史人物，都在石湾陶塑艺术中得到真实生动的表现。褒忠贬奸、扶正嫉邪、祈福求安、尊老爱幼等，百姓的道德观念与人生态度在石湾陶塑艺术中得到传神的体现。因此有人称石湾陶塑题材“堪称一部浓缩的中国民俗文化百科全书”。自明清至今，历代艺人们塑造了数以百次的屈原、钟馗和关公的形象，面貌长相，大同小异，各具特色，绝无相同。这是艺人们各自强调自己的艺术理解，形成自己风格，而不互相抄袭照搬的缘故。如今，石湾陶塑工艺从作品的题材内容到表现手法都有很大的发展，人才辈出，不少古代和现代的杰出人物成为创作题材，石湾公仔正以崭新的面貌呈现在大家面前！

“石湾陶，景德瓷”，可以说是概括了中国陶瓷的精髓。“巧夺天工凭妙手，石湾该是美陶湾”——著名诗人郭沫若曾用这样的诗句来形容石湾陶艺。

紫砂·船壶

这件《船壶》作品，出自陶都宜兴周定芳之手。周定芳，女，1965年3月生，国家级工艺美术师。1984年师从徐秀棠，勤奋刻苦、悟性强而深得大师之真传。周定芳创作的船壶造型别致，别出心裁。《船壶》长18厘米，宽8.5高，高10厘米，摇橹为壶把，船首的船舱为壶盖，为便于掀盖还设了一个水桶，而壶嘴就巧妙地设在船头的防撞球上。

据了解，周定芳的作品以制壶为主，她的紫砂作品天性外泄，直抒胸臆。她总说，自己真的很幸运，从事了一个世界上最好的职业。面对一团团温顺、可塑性极强的泥巴，由衷地感到它是那样的亲切、温暖、驯服，在手上可以变化出千姿百态的造型。在闲暇时，挑上一把自己手捏的紫砂壶，泡上一杯宜兴红茶，细细品味，静静思索，感觉生活真是美极了。周定芳1985—1986

年先后被选送到南京及宜兴轻校进修陶瓷造型设计。1988 年独创《紫砂雕塑茶壶》，作品融仿真、雕塑与现代陶艺造型于一体，别开生面，突破传统制壶的框框，而以陶塑的根基注入新技法，《竹报平安》为其代表作和成名之作，壶一经问世，在当时紫砂艺坛引起广泛关注，并引发了一场震动。一时间，来访者接连不断，一开始来访者以为作者是一位老艺人，没想到是一位窈窕淑女，都感到不可思议。1990 年她的作品《返璞归真壶》获全国工艺美术百花奖银质奖，1993 年参加“香港紫砂壶展”。1994 年作品入选《宜兴紫砂陶》邮册。1995 年应邀去英国阿伯里斯特威斯艺术中心参加“国际陶艺博览会”并作技术操作表演。作品《包袱壶》等被大英博物馆及中外名家收藏。她的作品多次在海内外参展和获奖。其作品被大英博物馆、美国旧金山亚洲艺术博物馆、明特博物馆、加拿大加德尼尔陶瓷博物馆、韩国陶艺博物馆等收藏，并进入国际市场，受到收藏界的青睐。美国著名陶艺家、教授马文•史维特表示，周定芳的茶壶反映出时代特色和地域特色。同宜兴最优秀的大师一样，她的茶壶已经远远地超出实用性器物的范畴。它们是智慧和深厚艺术造诣的结晶。她运用了一套完整的艺术语言，将独特的技巧与具有叙事性的顿悟融为一体，从而使她的作品充满了睿智、幽默和魅力。这些作品是对今天的一种记录，同时也是对传统的一种敬仰，更使我们看到了未来。

周定芳已经是海内外知名的陶艺家，从 1988 年起，她颠覆了传统的紫砂壶创作思路，以自己独特的表达方式，创作了一系列富有现代气息的紫砂壶，技法源于传统却不拘于传统，表现手法大胆而夸张，把人们热爱生活的情感意趣张扬到极致。内地紫砂行业称，她的作品打破了宁静的紫砂世界。周定芳同时被誉为“现代紫砂”的领军人物。

（图片摄影：吴 勇）

陶趣・竹椅壶

竹椅壶作者吴云琴出生在陶都宜兴。宜兴有着茂密的竹海，在绿涛万顷、壮阔如海的竹林间穿梭往来，仿佛一切都缥缈轻逸了些。置身其中，绿波翻滚，竹香四溢，只觉得身在仙境。

吴云琴出身制壶世家，与竹为伴，清雅静心，因此受到熏陶而创作了此壶。

这件作品构思巧妙、制作精良。壶高 11.2 厘米，长 8.8 厘米，宽 7.8 厘米，壶盖长 3.3 厘米，宽 2.8 厘米，高 3.3 厘米。壶盖是一只狮子狗造型，蹲在座位当中，壶身是座位，壶口在壶身中间，壶把为靠背。整件作品古朴传神、优雅别致，让人见之，无不叹为观止。

南竹，又名毛竹，禾本科竹亚科刚竹属，单轴散生型。广泛分布于400—800米的丘陵、低山山麓地带。南竹生长快，适应性强。在宜兴，走进壮阔如海的竹林间，在竹溪茶楼里，泡一壶阳羡，听竹枝婆娑，与自然和谐相融。与竹林为伴，收获一个静静思考的空间，是一种美妙无比、顺理成章的享受。

在农业时代，因竹材取得容易，可塑性大，原料充足、低廉，且生长周期短，于是先人便利用竹来编制成竹椅。竹椅较现代的沙发更凉快且通风，为崇尚环保的人们视为时尚家居的新选择，其形式有方形、六角形、扶手靠背形等。常见的竹椅有餐椅、学士椅、太师椅及乳母椅等。以前家家户户用竹椅子，孩子们可以把竹椅子放倒睡在背扶上，婴儿可以坐在竹椅框里，休息的时候可以躺在竹椅上，竹椅子可以用来侧放挡门防止鸡鸭进屋，最难忘的，我想应该算是搬着自家的竹椅子去看露天电影了。竹椅子的时代似乎快过去了，现在会做竹椅子的匠人很多也转行了，加上没有什么出路，很少会有年轻人再去学这门手艺。

宜兴竹海，不仅可以让你行走其中，随着竹林的沙沙声，欣赏竹林的幽静，感悟空谷幽林的静谧之美，还能让你在万千精美雅致的竹器中，重新体验竹式生活。

竹在中国有着独特的艺术符号，苏东坡曾言，“宁可食无肉，不可居无竹”，竹代表一种气节和向往。《陶趣•竹椅壶》的诞生，可能便是抱着这个主题去的。

（图片摄影：吴　勇）

韩美林单色开片瓷牛

韩美林单色开片瓷牛是一件艺术瓷，是我20年前从人民路“葛得和”陶瓷商店买来的，由山东淄博工艺美陶厂生产，由中国当代著名的造型艺术家韩美林亲自设计。众所周知，艺术瓷作品制作耗时多，难度大，也是最能体现艺术家风格的精品。今年是辛丑牛年，这件精美生动的瓷牛摆件，充分展现了“牛耕沃野转乾坤，鹊闹红梅迎新年”的意境。

整件作品长30厘米，高17厘米，宽12厘米，设计简练、线条流畅、材质光滑、动感生动、开片均匀，画面清晰、充分表现了作者纯熟、高超的技艺。牛呈埋头耕犁状，在古代农业社会，牛与劳动者朝夕相处。人们奉牛为守护神，古人认为，牛能与神沟通，担负着与天、人沟通的职责。人们祈求通过牛可以使众神赐福人间，以保风调雨顺、五谷丰登，所以在遇到田猎、祭祀、耕种、疾病等重大事件时，都是用牛的肩胛骨进行占卜，以征求鬼神的同意。牛还有着温顺习性和踏实肯干精神，在人类发展史上起着不可磨灭的作用。在人类历史的大多数时间里，人类辛勤耕耘的身影总是与牛相伴，日出而作，日落而息。

韩美林是国家一级美术师，清华大学美术学院教授，中央文史馆研究员。1936年12月26日，他出生于山东，是中国当代极具影响力的天才造型艺术家，在绘画、书法、雕塑、陶瓷、设计乃至写作等诸多领域都有很高造诣，尤其擅长利用中国两汉以前文化和民间艺术的精髓，设计出体现现代审美理念和国际通行语汇的艺术作品。他也是一位多产的艺术家，画画、搞雕塑、写文章、做设计，样样都有不俗的成绩，是一位孜孜不倦的艺术实践者和成功开拓者。他的作品大则气势磅礴，小则精细微巧，艺术风格独到，个性特征鲜明。

时至今日，韩美林带领着他的学生在国内外创作了几十座巨型城市雕塑。2015年，他被授予“联合国教科文组织和平艺术家”称号。2018年初，他被评为清华大学首批文科资深教授，同年荣获“顾拜旦奖”，成为中国美术界获此殊荣的第一人。

载于《新民晚报》2021年3月31日第21版

一对景德镇蓝釉鸭

这对蓝釉鸭，是我在曹家渡友谊商店古玩柜台收到的，它长 12.5 厘米，宽 6.5 厘米，高 9.5 厘米，形象生动，装饰观赏性强，品相完好，为景德镇蓝釉鸭。

蓝釉是瓷器釉色名。一般蓝釉是高温烧成的，所以釉面不易脱落。孔雀蓝釉则常于制好的素坯上直接挂釉，或于白釉器上挂釉烧制，为低温釉。在素

坯上直接挂釉的，釉层极易开片剥落。孔雀蓝釉器物中，多为不同规格的大盘类，小件器较少。另有类似弘治牺尊的双耳罐，为嘉靖官窑的祭器。传统蓝釉，以天然钴土矿为着色剂，除含氧化钴外，还含有氧化铁和氧化锰。蓝釉最早见于唐三彩中，但这时还是低温蓝釉，只有绮丽之感，缺乏沉着色调。“孔雀蓝釉”属于西亚地区的传统釉色，其制品在唐宋期间的商贸往来时被带到

中原并在金、元民窑中陆续制作。从整体发掘情况看，元代出土器品种较少，孔雀蓝釉规模尚未形成。明代宣、成两朝发展变革最为显著。成化三彩鸭熏开始陆续使用孔雀蓝作为低温色釉之一参与低温彩瓷制作。观察明中后期的素三彩瓷可以发现孔雀蓝釉使用比较频繁，在调节各种色釉和谐中起到很大作用，有时还与金彩结合，制作出华贵的官窑器。

在古代，“鸭”与“甲”谐音，故“鸭”寓意科举之“甲”，是祝福前程远大、学业有成的意思。民俗也有对出远门的行人赠送鸭子或螃蟹者，祈祷前程远大也。以“鸭”象征科甲，具体的寓意还要细分。以“一甲一名”为题的鸭纹吉祥图，是祝愿他人高中状元，而其他的鸭纹，只是祝愿他人在科举考试中进入“三甲”。科举制度是隋代才开始出现的，因此鸭与科举考试的关联，也是隋代以后才产生的。鸭是人们熟悉和喜爱的动物之一，有野鸭和家鸭之分，家鸭由野鸭驯化而来。古人称野鸭为“凫”，称家鸭为“舒凫”或“鹜”。早在商周时期的玉器和青铜器中，就出现了鸭的艺术形象。战国以后的鸭型器，多做成香盒或香薰状。古代诗词中，有很多咏鸭形香薰的名句，如唐代诗人戴叔伦的“金鸭香销欲断魂，梨花春雨掩重门”。宋代以后，画家们也纷纷参与了描绘鸭子的行列，并赋予了鸭子更多的文化内涵。据说宋代名僧惠崇曾绘有《鸭戏图》和《飞雁图》，苏东坡后来见到这两幅画，为其题诗，写下了“竹外桃花三两枝，春江水暖鸭先知”的名句。《一对景德镇蓝釉鸭》不仅形态完美、色彩靓丽，而且给我的收藏品带来了活力。

（图片摄影：王 路）

载于《上海收藏家》2021年9月10日第3版

陶艺·蟹

心陶紫砂仿真艺术工作室创作的作品能贴近生活，独树一帜、工艺精湛，造型古朴典雅、线条流畅，既有传统艺术的神韵和魅力，又具有浓郁的现代生活气息，给人以一种与众不同的艺术风格和艺术魅力。

这件陶艺《蟹趣》摆件，尺寸虽小，然胎体厚重，雅致玲珑。整体为一礁石，礁石长 16 厘米，石体上有绞丝状的纹理，使石头形象更为立体；在礁石的上方，攀爬着一对螃蟹，正在礁石上嬉戏，螃蟹长 7 厘米，宽 4 厘米，高 3 厘米，呈淡淡的黄褐色，圆眼黑亮，神态逼真，动感十足。在礁石下方对角的底侧缝隙间，还躲藏着一只小小的螺蛳，螺蛳与上面的螃蟹形成呼应。纵观此件摆件，艺人通过悉心观察，截取海滩上螃蟹活动的妙趣场景，以精湛的技艺将之定格到器物之上。色彩富有变化，而色彩和造型一样，正是宜兴心陶紫砂仿真艺术的魅力所在，它以丰富的釉色变化和构思独特的造型弥补了胎质方面的"短板"，让宜兴陶艺海内外扬名。多年来，心陶紫砂仿真艺术工作室主要开发生产各式仿真紫砂雕塑、微型雕塑杂玩、仿真枯木工艺品，从事原来紫砂壶研究和创作中，又成功开发了竹编系列、蟹篓等作品。作品做工精美，集实用、观赏性艺术于一身。他们擅长紫砂微雕创意制作，追求奇巧自然，返璞归真，尤善从日常生活中激发灵感、捕捉题材，糅合自己的审美观及思维成一体。作品充满生命力和想象力，创意与精湛技艺相结合，让人品赏无穷，赢得了众多收藏家和陶艺爱好者的称赞。

陶艺摆件作品，生动地表现了一对相向而行的螃蟹，正爬在泥滩上嬉戏，它们互行着"抱'钳'礼"，互表致谢，隐含"谢谢"（谐音）意思。宜兴心陶紫砂仿真艺术工作室本着"生活是艺术的源泉，艺术是生活的提炼"创作理念，用睿智的构思和灵巧的双手，打造自己的艺术人生，让人们在欣赏过程中，体验、享受陶艺的无比乐趣。

姚金翠紫砂·蟹篓

六年前一个周末，与好友石军一起赴宜兴丁蜀镇，觅来姚金翠制作的这件紫砂《蟹篓》。

姚金翠是当地实力派制壶名家，从事紫砂壶制作和设计以来，得到多位名师指导，所制作品古朴典雅，精益求精，擅长表达传统的内在理念，融合现代的外在表现手法，来体现原作品的亮点，其作品深受壶艺界的好评和壶友的青睐。《蟹篓》以鱼蟹满篓来表达人们对生活的祝福，寓意满载而归，丰庆有余。

紫砂《蟹篓》高 14 厘米，口径 9.5 厘米，胸径 15 厘米，底径 11 厘米，工艺精湛，色彩逼真。两只河蟹、螺蛳呈对应状攀爬在竹篓上。此竹篓原型来源于福建沿海地区居民用的蟹篓，加上巧妙的竹编效果，十分逼真，真是田园风光，物趣天成。两只小蟹在竹篓上爬，旁边一只螺蛳，活灵活现。河蟹有八条腿，它的爪很细、很尖，爪上还长着一些细毛毛。它是横着走路，难怪人们给它的称号、别名为水里的“横行霸道”。它走起路来，八条腿灵活地抬起，落下，沙沙地响。它的腹部有一个白色的脐片，像一扇大门，三角形的是公蟹，圆形的是母蟹。母蟹产的卵是黄色的，粘在一起，像很小的米粒，它的卵就藏在“大门”里面。小河蟹刚出生就被妈妈关在“大门”里，就像小袋鼠藏在妈妈的“口袋”里一样：也许河蟹妈妈害怕小河蟹出来和别的“小孩”打架。河蟹有两片方形的嘴唇，喝水时一张一合，有时还吐出一串串珍珠似的水泡儿。

宜兴陶器工艺严谨、器形优美、窑变艳绝：自古至今，宜兴工匠们制作陶器时遵循古法，精雕细作，在艺术陶的创作上力求精益求精，因其器形优美、窑变丰富，充分体现工艺性、地域性、民族性、历史性和时代性的特点和特色，具有极强的观赏性和极高的艺术品位。同时又因其窑变的丰富性和独特性，一件在手，绝无雷同，是中国陶器中极具代表性的作品。

载于《新民晚报》2021年5月12日第21版

紫砂香炉·许愿小和尚

此件“许愿小和尚”，神态煞是虔诚，衣纹线条流畅，精巧的双手，紧握一把逼真的香，跪于蒲团之上，默默地祈祷，祈祷着平安，祈祷着安康。小和尚可爱的模样，无论从何种角度望去，都令人爱不释手。整件作品洋溢了祈祷美好的意愿。新的紫砂工艺品触摸起来质感有些粗糙磨手，使用久了便可养得光润可鉴，富有灵气，养的年月越长，价值越高，这便是紫砂深受历代文人雅士喜爱的原因之一。

本款香炉造

型别致，线条流畅，工艺精湛，细节处刻画得异常生动。整器共设两层，上层为小和尚主体（盖），下层为置盘香的蒲团香炉，分有 8 个气孔。整件作品高 18 厘米，长 11 厘米，蒲团（底盘）直径 12 厘米。小和尚双目微闭，神情凝重，刻画得相当细致入微，一看就被他虔诚的神态所感染。飘拂的禅衣和袖口自然流畅，小和尚念念有词，造型憨态可掬，整体饱满，栩栩如生，透露着智慧和禅意。打开蒲团的盖子，点上一炷盘香，然后盖上，不一会儿，烟便会从小和尚双手紧捧的佛香孔中悠然飘荡出来。

现代陶艺的创作主要通过作品的造型、材料、肌理、纹饰、釉色来表达作者的意念，满足现代人回归自然、体现自我个性的要求。陶艺与绘画，雕塑等造型艺术并列，它以独特的艺术语言和丰富的表现力吸引众多的艺术家、陶艺爱好者从事陶艺创作。

香炉有着完美的造型，它不仅是香产品，更是一种工艺品。中国传统陶艺是附属于陶器的，“实用而尽量美观”。汉朝以前青铜器是主流，香炉以青铜香炉为代表，战汉时期是我国的陶器时代，陶制香炉流行。魏晋南北朝，瓷制香炉令人耳目一新。隋唐时期，各种材质的香炉得到了继承和发展，并有创新。宋代是香薰炉的集大成者，此后，元明清时代，香文化已经完全走进寻常百姓家，香炉进入了“大普及”阶段。香炉这些时代风格，与时代的审美取向和经济实力不无关系。

我酷爱陶都宜兴的陶艺，曾三下丁蜀镇寻觅自己喜欢的东西。《紫砂香炉•许愿小和尚》如愿觅得，成为我此行陶都，魂牵梦绕、难以忘怀的一次美好回忆。

（图片摄影：吴 勇）

紫砂·老方桌

宜兴丁蜀镇制壶世家出身的范军，以大胆的创意、独特的构思、娴熟的技艺，按比例微塑还原、再现了曾经的老方桌，勾起了几代人的思绪，让我唤起了曾经的记忆。它不愧是一件贴近生活、难得的创意好作品。

这件名为“老方桌”的作品，桌子长、宽各 13.5 厘米，高 9 厘米；凳子长 7.5

厘米，宽 3.3 厘米，高 4.5 厘米。老方桌是一种独具特色的中国传统家具，面呈正方形的桌子，规格有大小之分，结构有无束腰和有束腰两种。这张方桌通体素洁，造型简练挺拔。牙头较长向下，支撑腿子，是普通农户家家拥有的物什。

那是 1963 年的下半年，因家从郊区工人新村刚搬迁到静安寺附近的常熟路一带，两地相隔较远，尚在宜川中学念初二的我，为了不影响学业，这期间就暂时寄宿在彭浦公社赵家花园的表哥家中，由此对当地农家生活有过一段不短的体验。五六十年代的民风相当淳朴，人们生活相对比较简单，那时天空蓝蓝，河水清澈，蛙鸣虫叫，鱼跃雀散。上海本地人的农户家传统风俗习惯几乎相差不大，家家都拥有一个相对宽敞的客堂间，空旷的客堂间，除了墙角根仅摆放着下地干活回来的锄头、铁搭（钉耙）等农具外，厅正中墙面就摆放着这张老方桌和四张长条凳，有时桌上还摆放着一件大铜茶壶，里面盛满了凉开水。因正逢困难时期，生活节俭，当地农家普遍喝桑茶，他们采摘桑叶，剔除叶梗，用河水洗净（当时农村尚未有自来水），置于芦棚晒干，用井水烧煮后倒入铜壶，待凉后饮用，其味略含苦涩，有清凉、降血糖作用。每当收工回家，汗流浃背，顺手从老方桌提起铜茶壶，倒上一碗凉茶，痛饮而尽。昔日的老家具，如今很多都悄然无踪，只有上了年纪的老人才能记忆，即便有，也早已蒙上一层灰。他们承载着好几代人的记忆和时光，这些都是难以忘却、不可复制的美，是漫长岁月遗存的“古”老家具，包含着生活的印记、时光的流逝，还有每个人都渴望找寻的那种悠远绵长厚重的历史感。

现今，时过境迁，生活也发生了翻天覆地的大变化，当地农民都住进了高楼大厦，家具焕然一新。曾经的老方桌旧家具悄然无踪，早已退出了历史舞台。这件八年前在九星茶叶市场工艺品铺觅得的《紫砂 • 老方桌》，它逼真、形象地再现了这种具有传统意义的旧貌，让我们这些上了年纪的老同志，回想起那些民风淳朴、难以忘怀的过去的岁月。

（图片摄影：王 路）

陶艺·陆羽品茶

此款以“茶圣”陆羽为形象的陶艺，是十年前在“葛德和”觅来的。它长 14 厘米，高 16 厘米，宽 10 厘米。陆羽端坐在石凳上，旁边是一把紫砂壶。他手持一杯茶，正细细地品味着，若有所思，神态端庄，人物衣服褶皱清晰，好似翻卷的波浪，细节处的刻画准确，更彰显出人物的内在张力。

陆羽（733—804），字鸿渐，复州竟陵（今湖北天门）人，号茶山御史，是唐代著名的茶学家。性诙谐，与女诗人李季兰、诗僧皎然交厚。《茶经》是陆羽在各大茶区观察了茶叶的生长规律、观察了茶农对茶叶的加工，进一步分析了茶叶品质的优劣，并学习了民间烹茶的良好方法，在此基础上总结出的一套规律。此外，陆羽还留心民间茶具和茶器的制作，且制作出自己独特的一套茶具。陆羽一生研究茶事，他的脚步遍及全国各大茶区，被誉为“茶仙”，尊为“茶圣”，祀为“茶神”。唐朝上元初年（760），陆羽隐居苕溪（今浙江湖州），撰《茶经》三卷，对茶的性状、品质、产地、种植、采制、烹饮、器具等皆有论述，这是世界上第一部茶叶专著。

茶文化意为饮茶中形成的文化，包括茶道、茶德、茶精神、茶联、茶书、茶具、茶谱、茶诗、茶画、茶学、茶艺等。中国是茶的故乡，中国饮茶，始于神农时代，至今已有 4700 多年了。我国对茶的配制是多种多样的：有太湖的熏豆茶、苏州的香味茶、湖南的姜盐茶、蜀山的侠君茶、台湾的冻顶茶、杭州的龙井茶、福建的乌龙茶等。世界上有一百多个国家和地区的人喜爱品茶，但各地茶文化各不相同，各有千秋，中国茶文化反映了中华民族悠久的文明和礼仪。

品茶是一种高雅的享受。讲究品茶艺术的人，不仅注重茶叶好，更注重茶的韵味，崇尚意境幽雅，强调“壶添品茗情趣，茶增壶艺价值”。好茶好壶，犹如红花绿叶，相映生辉。此款《陶艺·陆羽品茶》，人物慈眉善目，优雅从容。衣服采用传统的浅蓝色破裂釉。陆羽正在细细品尝，一半茶香，一半书香。精巧细致的茶几、茶壶，以及陆羽端着的小茶杯，都让人拍案叫绝。

石湾陶艺·牧童放牛

古镇石湾确实是个陶艺世界，方圆面积才27平方公里不到，到处可见各种陶艺的商铺。石湾陶艺历经了千年的锤炼，发展成为中国陶瓷百花园中的一朵奇葩，深受人们喜爱。

作品《牧童放牛》，两个牧童，一个骑在牛背上，吹着笛子，一个骑在牛背上，双手牵着另一头水牛，每件作品大约长14厘米，高8厘米，宽6厘米。形态生动，形象逼真，三头牛造型各异，动感十足，牛毛纹清晰可辨。牛，是旺财之灵兽。经商做生意人大都爱在屋内摆放牛造型的配饰，有祈福如意的作用。牛也有一种霸气，一种韧性。整幅画面快乐祥和，悠然自得。

"草铺横野六七里，笛弄晚风三四声。归来饱饭黄昏后，不脱蓑衣卧月明。"这首《牧童》是唐朝诗人吕岩创作的一首七言绝句，收录于《全唐诗》中。诗中展示了一幅鲜活的牧童晚归休憩图，反映了牧童生活的恬静与闲适，表达了诗人内心世界对远离喧嚣、安然自乐的生活状态的向往，感到了"日出而作，日落而息"的生活的安然与恬静，也让读者感受到了牧童心灵的无羁无绊，自然放松。石湾艺术陶瓷汲取中国古代诗歌的意境之美，在传统的自然主义和写实风格为主的基础上，融合了抽象艺术、中国画技法、雕塑技法、壁画和浮雕技法等元素，《石湾陶艺·牧童放牛》表现出牧童闲适、悠然自得的情致，在村晚静谧平和的气氛中，享受大自然美好的田园生活，为作品增添了新的活力。

（图片摄影：吴 勇）

陶艺·猫头鹰

这件陶艺猫头鹰产自山东淄博美陶厂，至今已有二十多年了。它构思巧妙，线条清晰，用夸张、简洁的手法，将猫头鹰的形态、特征生动形象地刻画出来。它高15厘米，长10厘米，厚7厘米。猫头鹰为鸮形目中的鸟，总数超过130余种。大部分为夜行性肉食性动物，食物以鼠类为主，也吃昆虫、小鸟、蜥蜴、鱼等动物。

该鸟类头宽大，嘴短而粗壮，前端成钩状，头部正面的羽毛排列成面盘，其耳部、眼部和面部与猫极其相似，故俗称猫头鹰。动物学界、生物学界、生态学界本来就各抒己见，艺术形象就更是没边没沿了。它不分什么科什么目，艺术家侧重外在艺术形象的选择，不强调有益有害，侧重随心所欲不拘一格，只要艺术上具备典型性，什么形象都可以拿来进行创作。我们最熟悉不过的老鼠，被视作害人的东西，大家一致厌恶痛恨的“反面典型”，有着“过街老鼠人人喊打”的臭名，世上却有米老鼠的形象红遍了整个地球，热了一个世纪。中国民间过春节“老鼠娶媳妇”的剪纸也红遍了半个中国。而猫头鹰每年消灭上千只老鼠，可没见过给它报功赞誉的。

猫头鹰属于国家二级保护动物。它们食性复杂，生活方式多样，栖息在各种生态环境中，是维护自然界生态平衡的重要因素。尤其是在消灭害兽方面的功绩也不小，大多以老鼠等啮齿类动物为食，对控制农业、林业鼠害以及危险疫病的传播有着重要的贡献。猫头鹰的食物中99%是啮齿类动物，一只猫头鹰一个夏季所消灭的老鼠，相当于保护了一吨的粮食。《陶艺·猫头鹰》构思巧妙、形象生动、线条简洁，将它的形体表现得一览无遗。

丰富多彩的“鬲”文化

这是我多年前在陶都宜兴丁蜀镇觅得的一套陶艺“鬲”（原始读音 gé，后指古代炊具，音 lì）。仿古形器，款式造型各异，一共为五件套，大小尺寸相差不大，直径为 8—10 厘米，高为 5—8 厘米，其中两只带有三足，其余均不带足。鬲最早出现在距今四千多年前的新石器时代晚期，那时的鬲是陶器，

是人们主要的生活用具。到战国时期，鬲基本上从人们的生活中消失。

鬲是我国古代特有的炊具。在中华民族漫长的发展历史中，这些炊器曾经扮演着非常重要的角色。鬲对于我国古代先民的日常生活有着重要意义，而且以其为主要标志的鬲文化对于中华民族文化的发展也具有深远的影响。鬲的造型一般分为两种：一种上部为口径方形或圆形的容器（有的上有两个

耳），无足；另一种下部有三个中空的足。

有学者认为，在历史的长河中，鬲存在了两三千年的时间，在那个时期，鬲在人们生活中的地位是非常重要的。鬲被称为中国远古文明的活化石，是传承文明的一个重要载体。鬲不仅是一种器皿，而且是一种文化。在古代，人们将食物放入鬲中，然后在下面烧火进行烹煮。我们都对鼎的形状比较熟悉，而对鬲却有些陌生，其实鬲和鼎的形状非常相像，二者的不同之处主要在于鼎的足是实的，而鬲的足是空的，鼎的足与鼎身不相通，而鬲是相通的。古代的鬲有陶器和青铜器两种，青铜鬲最初是依照已有的陶鬲制成的。

鬲最早出现在距今四千八百多年前，那时的鬲是陶器。当我们的祖先掌握了制陶技术以后，他们先是制造出了小口、突腹、偏上有双耳的尖底陶瓶，用它来取水。用陶瓶汲水和倒水都很方便，但它不可以煮水，而且放置也不平稳，于是人们便将三个尖底瓶捏在一起制成了鬲。鬲的三个腹足站立很稳，里面可以贮水，架上干柴又可以煮水，非常实用，所以就成了当时人们生活中的必需器具。在公元前二千年左右，当我国进入了青铜时代以后，鬲已经不仅仅是一种生活用具，而且演变成为礼器和神器，成为一个重要的文化载体。

（图片摄影：张静庵）

德化瓷·杨玉环

德化瓷以“中国白”享誉世界，在国际陶瓷发展史上占有重要地位，并享有“东方艺术”之声誉。杨玉环为中国唐朝历史人物，因有倾国倾城之貌，被誉为国色天香，被唐明皇（玄宗皇帝）召进宫，封为贵妃，得明皇专宠。

这件《杨玉环》瓷艺，长 18.5 厘米，宽 8.5 厘米，高 20 厘米。杨玉环是著名的中国古代四大美女之一。中国古代四大美女，即西施、王昭君、貂蝉和杨玉环。她们享有“沉鱼落雁之容，闭月羞花之貌”之美誉。“沉鱼”，是指西施在古越江边浣纱，惊艳的容貌让水中的鱼儿看到后都沉入江底。“落雁”，传说“昭君出塞”时，悲怀于自身命运和远离家乡，弹《出塞曲》，让空中飞过的大雁听后感伤，纷纷掉落在地。“闭月”，传说貂蝉在花园拜月时，有云彩遮住月光，被王允看到后，就对人说貂蝉比月亮还漂亮，称为“闭月”；“羞花”，传说杨玉环赏花时泣叹自己的命运，抚花，花瓣收缩、垂下。被宫女看见，就说杨贵妃与花儿比美，花儿都羞得低下了头。作品中杨玉环头戴花，手持花，坐在石凳上周边开着花，仔细看，它还是“国色天香”的牡丹花呢。

杨玉环，除了貌美，更是有一定的音乐修养，精通音律，擅歌舞，并善弹琵琶，是唐代宫廷音乐家、歌舞家。白居易形容她“温泉水滑洗凝脂”“回眸一笑百媚生，六宫粉黛无颜色”。李白的《清平调》则说她“云想衣裳花想容，春风拂槛露华浓”。诗人们对杨玉环的美赞不绝口，惊为天人。

德化陶瓷历史悠久，始于新石器时代，兴于唐、宋，盛于明、清，发展于当代。它具有鲜明的传统工艺特色，是民窑瓷塑典型代表，创作不受官窑烦琐的羁绊，取材通俗，线条流畅，胎釉致密，器形丰富，集实用、观赏于一体，成为民间陶瓷艺术的奇葩。自宋代以来，德化瓷就成为我国对外重要输出品，与丝、茶齐名，享誉世界。元代意大利旅行家马可•波罗曾到过泉州，在游记中曾提到“并知此剌桐城附近有一别城，名称迪云州，制造碗及瓷器，既多且美”。在明代，利用当地高岭土制成的精美德化瓷塑开始形成独特的风格，被赞誉为“中国白”“东方艺术珍宝”，享有世界艺术瑰宝的地位。晚清以后，德化瓷雕塑业每况愈下，艺人在艰难条件下仍坚持制瓷事业，继承传统，锐意创新，作品《捏塑瓷梅花》《木兰从军》《关公》等先后在巴拿马、英国、日本等国际博览会上捧得金奖。德化瓷塑在故宫博物院、南京博物院、上海博物馆、广州博物馆，以及英、法、日、美、意等国各大博物馆都有珍藏，且为镇馆之宝，它对于研究、了解、弘扬中国文化，促进文化交流及友好往来，起到不可估量的作用。

德化瓷烧制技艺是福建德化地方传统手工技艺。它选用优质的高岭土直接塑造成型，干后根据需要决定是否上釉，而后放入窑中在高温中烧制而成。作为瓷陶爱好者，我认为德化瓷不仅历史悠久，而且其捏塑工艺精巧纤秀、造型逼真，在刻花、浮雕装饰上，工艺完全可与西班牙雅致瓷器媲美，甚至更佳，它“声如磬、白如玉”，为天下所知。《德化瓷•杨玉环》便是一例。

景德镇陶艺·哈哈罗汉

这尊《哈哈罗汉》，是一位来自景德镇的朋友赠送的陶艺。作品长 28 厘米，高 18 厘米，宽 16 厘米。人物笑容满面，慈眉善眼，恭喜众生，体态饱满，憨态可掬，器形完美，衣纹流畅，线条清晰，造型古朴，颇具禅味。我专门从城隍庙藏宝楼为其配备了一个相衬的漂亮红木几架。

其实，《哈哈罗汉》的原创作者是著名的中国工艺美术大师，曾担任美研所所长、副厂长、雕塑瓷厂厂长等职的刘远长先生。他是享受国务院“政府特殊津贴”的专家，擅长陶瓷雕塑。他的作品注重从生活中提炼题材，表现形式集塑、刻、捏、镂于一体，在工艺上，综合运用圆雕、捏雕、镂雕的表现手法，分精雕、意塑两类。他功力扎实，对艺术有良好的悟性。其作品构思严谨,寓情于理,章法洗练,形式多样。创作的作品题材内容丰富,风格独特,取传统技艺之功，融现代艺术之妙。从婀娜多姿的天女散花，到昂首挺立的屈原，从孤芳自傲的郑板桥，到坚如磐石的达摩，无不显示出大师深厚的功力和独具匠心的设计。他的作品不仅荣获景德镇陶瓷美术百花奖一等奖，还被外交部选为国礼瓷。创作于 1988 年的《哈哈罗汉》，是在传统题材的基础上，摒弃烦琐，用极其简单的雕塑语言刻画出一个现代感极强的罗汉形象，深受广大收藏爱好者的喜爱。近年来，由于重视陶瓷文化的交流，刘远长大师的作品在传统的基础上有了新的探索和追求，作品由具象到抽象，由严谨到奔放。

哈哈罗汉在严格意义上说不是一种宗教题材，在中国的传统文化中，人肚能容、开怀大笑的哈哈罗汉还是一种安定、祥和的文化符号，在民间乃至庙堂之上频频亮相。他的笑充满善良，毫不做作，仿佛能消融世间一切的烦恼与不幸。而刘远长先生的《哈哈罗汉》更是融入了大师自己的理解。作品造型自然朴实，衣纹线条简练，盈盈古意，颇具禅味。哈哈罗汉其实取材于十八罗汉中的欢喜罗汉，即善于谈论佛学的演说家及雄辩家。有人问他什么叫做喜，他解释说：由听觉、视觉、嗅觉、味觉和触觉而感到快乐之喜。又有人问他:“何谓之高庆？”他说:“不由耳眼口鼻手所感觉的快乐，就是高庆。例如诚心向佛，心觉佛在，即感快乐。”他在演说及辩论时，常带笑容，又因论喜庆而闻名遐迩,故名喜庆罗汉,或欢喜罗汉。自宋代起,十八罗汉开始盛行,也许与中国人偏爱十八这个数字有关，所以至今仍有许多玩家钟情于以十八罗汉为题材的文玩作品：有核雕的、罗汉玉雕的、南红的、绿松的。这尊刘远长先生 1988 年创作的《景德镇陶艺•哈哈罗汉》作品的问世，可能也与这同样有关吧。

仿洪宪年瓷小笔筒

这件粉彩瓷小笔筒，是从藏宝楼六楼地摊上觅得的。体量不大，直径 5.6 厘米，高 12 厘米。画面为一位古代老人站立在古树旁，前面蹲坐着一位幼童在看书。背面为一副隶书对联：“贫不卖书留子读，老犹栽竹与人看。”这副对联出自《增广贤文》。它又名《昔时贤文》《古今贤文》。书名最早见于明代万历年间的戏曲《牡丹亭》，据此可推断该书作于万历年间。《增广贤文》是一种民间谚语集，为中国古代儿童启蒙书目，是民间创作的结晶。

《增广贤文》之三百五十六：“贫不卖书留子读，老犹栽竹与人看。”这副对子告诫我们再穷不能穷教育，再苦不能苦孩子，人类的进步、家庭的发展，离不开读书、学习，汲取文化知识。当家庭遇到困难时，绝不能减少教育投资。放弃子女学习，否则就会陷入越贫穷越无知，越无知越贫穷的恶性循环。培根说：“知识就是力量。”高尔基说：“书籍是人类进步的阶梯。”一个人的精神成长史，应该是一个人的阅读史，而一个民族的精神境界，在很大程度上取决于全民族的文化水平；社会到底是向上提升还是向下沉沦，就看文化能植根多深。一个家庭谁在看书，看哪些书，便决定了这个家庭的未来。现实生活中我们可以看到，即使一些农村的贫困家庭，为供子女读书也不惜身兼多职，甚至举债投入。经过努力，让世代贫寒的学子跳出农门，成为社会的精英，从而彻底改变了人生，并福泽家庭家乡。文人雅士给予竹子以虚心、高洁、坚韧的寓意象征。“老犹栽竹与人看”是激励人们保持美好的晚节，以身作则，影响后人，为世界留下一道亮丽风景。

手绘粉彩《增广贤文》字画图，仿洪宪年制款，是启迪我们重视教育、保持晚节的一款民间体裁的藏品。

貧不賣書
畱子讀
老猶栽竹

枝春堂·笔洗

该件笔洗为枝春堂粉彩瓷器。此洗口底直内收，鼓腹，内壁和底足施白釉，是一件传统的白地粉彩瓷器。该器口径 8.3 厘米，直径 16 厘米，高 10.5 厘米。正面，精绘苍松翠柏，瘦石假山、奇异花木相伴，四位人物神态各异，栩栩如生。背面是两句诗："但使主人能醉客，不知何处是他乡。"出自唐代著名诗人李白的诗句。

"兰陵美酒郁金香，玉碗盛来琥珀光。但使主人能醉客，不知何处是他乡。"李白《客中行》这首诗作于东鲁的兰陵，而以兰陵为"客中"，应为开元（唐玄宗年号，713—741）年间亦即入京前的作品。

全诗语意新奇，形象洒脱，一反游子羁旅乡愁的传统，抒写了身在他乡的乐观情感，表现了李白豪迈不羁的个性和李诗豪放飘逸的特色，侧面反映出盛唐气象。兰陵美酒甘醇，就像郁金香芬芳四溢。兴来盛满玉碗，泛出琥珀光晶莹迷人。主人端出如此好酒，定能醉倒他乡之客。最后哪能分清，何处才是家乡？

《枝春堂·笔洗》，该器粉彩清供图，花卉枝蔓舒卷自如，人物刻画生动，款式淡雅清新，尤其在莹白衬底映衬下更显丽质非凡。

陶艺·小猪水丞

这件水丞，我是从上海蒂芙特国际茶文化广场的茶具店买来的，所以也可以称为茶宠。它长 12 厘米，宽 11 厘米，高 8 厘米。两只可爱的小猪，争先恐后地爬在长方形的食槽上找东西吃。小猪为赭色紫砂，形体胖嘟嘟的，两只前蹄趴在食槽上，瞪着两只圆圆的小眼睛；那个紫砂食槽与普通常见的石槽一样的，采用仿真的石表纹理，真是美妙无比。

这是产于宜兴的紫砂陶艺水丞。水丞又称水盂；水盂起于汉魏，发展至明清两代。宋人赵希鹄在《洞天清录》中注："晨起则磨墨，汁盈砚池，以供一日之用，墨尽复磨，故有水盂。"可知水盂为盛磨墨用水的盛水器，以玉、瓷、紫砂等常见。一般配有铜或玉质的小水匙。目前所见实物以魏晋时为最早。晋代、南北朝时水盂多为青瓷。或鼓腹似罐，或为动物，如青瓷兔形水盂、蛙形水盂等，做工无不精巧雅致。明、清两代水盂传世品较多。除瓷制品外，其他多为观赏器而非实用品。瓷制水盂的实用性较强，其形多为圆形。盂口富有陈设性和工艺性，这也是明、清两代水盂与以前水盂的本质区别。一般讲，在注重实用性的同时，利用釉色及纹饰增强观赏性，常见有青花、粉彩、单色釉等品种。古代水盂是当年读书人文房用具必备，虽盛水不过数滴，却有积水成渊的雅趣。

紫砂《陶艺·小猪水丞》既是一件令人称妙的工艺品摆件，又是一件不可多得的实用的文房用品。

陶艺·蟾蜍

蟾蜍，也叫蛤蟆，俗称癞蛤蟆、癞刺，上海话叫癞疙宝。两栖动物，体表有许多疙瘩，内有毒腺，从它身上提取的蟾酥以及蟾衣则是我国紧缺的药材。蟾蜍是无尾目、蟾蜍科动物的总称。头宽大于头长；吻端圆，吻棱显著，颊部向外侧倾斜；鼻间距略小于眼间距，上眼睑宽、略大于眼间距，鼓膜显著，椭圆形。

这件来自陶都宜兴的《陶艺·蟾蜍》，长 14.5 厘米，宽 15 厘米，高 8 厘米。这只蟾蜍高度警惕着，瞪着两只大眼睛，呈伺机捕捉状。蟾蜍亦是庄稼的守护神。这件藏品是原人民路上的“葛德和”宜兴陶瓷商店赠送给我的样品，因为我是他们的老顾客，店里的营业员几乎都认识我这个来自银行的陶艺爱好者，凡是新货一到，他们会立刻通知我，因为我工作的地方就在外滩，中午休息时我骑自行车，十分钟就到了。

蟾蜍，模样虽然没有青蛙帅气，但你可不要小看它，其实给它换个名称“金蟾”，那就有天壤之别了。它的寓意有招财进宝、镇宅、驱邪、旺财。金蟾的形象丰满，身上嵌满了金钱珠宝，脚下踩着元宝，很是富有财气，古语有云：“家有金蟾，财运绵绵。”金蟾不仅可以招财，古时候还用“蟾宫折桂”来比喻考取进士，传说中月宫住着三条腿的蟾蜍，蟾宫即“月宫”，于是，又带上一层“锦绣前程”的意思。

蟾蜍是庄稼、农作物的卫士，而且集药用、保健、美食于一身，因而被誉为“蟾宝”。它一天能吃掉 2000 到 3000 只昆虫，这类昆虫多半是对人类或农作物有害的物种。它不仅是国家的三有保护动物（即国家保护的有益的或者有重要经济、科学研究价值的陆生野生动物）。它不仅是庄稼的守护神，还有一层意思，金蟾还享有传统美好的寓意。

宜兴陶艺开片·猎豹

猎豹又称印度豹，是猫科动物的一种，也是猎豹属下唯一的物种。它全身都有黑色的斑点。嘴角和眼角有一道黑色条纹，是区别猎豹与豹的特征，而且两条黑纹有利于吸收阳光，从而使视野更加开阔。尾部末端有黑色的环纹；后颈部的毛比较长，体型纤细、腿长、头小。背部的颜色是淡黄色，腹部的颜色比较浅，通常是白色的。猎豹腿长，身体瘦，脊椎骨十分柔软，容易弯曲，像一根大弹簧一样，跑起来的时候四肢都在用力，在急转弯时，大尾巴可以起到平衡的作用，不至于摔倒，身体的特殊结构使得猎豹奔跑速度极快。难怪中学语文老师经常给我们上课时讲到文章要写得好，需把握好三个环节，即“凤头、猪肚、豹尾”，意即要有凤一样的开头，吸引人们去看，中间的内容要像猪的肚子那样丰富，结尾要像豹子的尾巴一样遒劲有力。

这件陶艺作品长 10.5 厘米，宽 4.5 厘米，高 4.5 厘米。猎豹的头平而滑，耳朵短短的。两只眼睛像铜铃一般，炯炯有神。

《宜兴陶艺开片·猎豹》构思巧妙、形象生动、线条流畅，我是早在上世纪八十年代从“葛德和”买来的，不愧是一款难得的陶艺好作品。

龙泉瓷·双耳洗

龙泉窑因在浙江龙泉，故名，属我国南方青瓷系统。创于北宋早期，南宋时进入鼎盛时期，至明代以后逐渐衰落，历史长达七八百年之久。

《龙泉瓷·双耳洗》呈油罐状，上口径 8 厘米，胸径 14 厘米，底径 7.5 厘米，高 9.5 厘米，罐口爬着两只老鼠，一个头朝下，一个头平视环顾着四方。龙泉青瓷以其釉色青如玉、明如镜、声如磬而被誉为瓷苑的一颗明珠，受到世界各国青瓷爱好者的喜爱。明代龙泉青瓷传入欧洲，备受青睐，身价不菲。多年来世界各地陆续发现了许多古代龙泉青瓷，世界众多博物馆都收藏有龙泉青瓷，并视为珍品，享有很高的声誉。它曾多次应邀参加了国际博览会，还经常被作为国礼。

龙泉青瓷产品有两种，一种是白胎和朱砂胎青瓷，称“弟窑”或“龙泉窑”，另一种是釉面开片的黑胎青瓷，称“哥窑”。“弟窑”青瓷釉层丰润，釉色青碧、柔和、滋润，胜似翡翠；“哥窑”青瓷则现以瑰丽、古朴的纹片，有冰裂纹、蟹爪纹、牛毛纹、流水纹、鱼子纹等，其釉层饱满、莹洁，素有“紫口铁足”之称，与釉面纹片相映，更显古朴、典雅，堪称瓷中珍品。

《龙泉瓷·双耳洗》是我在闵行九星茶叶市场的工艺品店觅得的。现代的龙泉青瓷忠实地继承了中国传统的艺术风格，在继承和仿古的基础上，更有新的突破，研究成功紫铜色釉、高温黑色釉、虎斑色釉、赭色釉、茶叶末釉、乌金釉和天青釉等。这件双耳洗瓷器，为我的瓷陶收藏品增添了一个精彩的亮点。

掌上把件

野原
收藏拾珍

琉璃·麒麟

这款琉璃麒麟，是多年前我从华宝楼二楼工艺品柜请来的。它长8厘米，宽6厘米，高9.5厘米，体形胖乎乎的，色彩斑斓，形态十分可爱。

麒麟是中国传统瑞兽。古人认为，麒麟出没处，必有祥瑞。有时用来比喻才能杰出、德才兼备的人。《礼记·礼运第九》：“麟、凤、龟、龙，谓之四灵”，可见麒麟地位起码与龙同等，并不低于龙。但麒麟又是应龙的孙辈，《淮南子·地形训》：“毛犊生应龙，应龙生建马，建马生麒麟，麒麟生庶兽，凡毛者，生于庶兽。”

《琉璃·麒麟》是中国古代文化与现代艺术的完美结合，其流光溢彩、变幻瑰丽，是东方人精致、细腻、含蓄的体现，是思想情感与艺术的融会。

寿山芙蓉石·水饺

“藏宝楼”恰如其名，它是寻宝人常去的地方。这件寿山石还是我十年前它在方浜路上时，从二楼福建人摊位上觅来的。

这组石雕高 9 厘米，长 18.5 厘米，宽 14.2 厘米。它采用福建寿山芙蓉石而雕成。芙蓉石为寿山石中的上品石，它天生丽质，雍容华贵，微透明而似

玉非玉，手感特别好。前人形容其“如脂如膏如腴”“拂之有痕”，这是形容人们对芙蓉石非常珍惜，唯恐有所损伤，仅仅“拂之”当然不会“有痕”。与其他坑石相比，芙蓉石的主要特征是凝结脂润、细腻纯净，而且品玩最容易

上“包浆”。寿山石长期在人的手上、脸上摩挲，石与皮肤的摩擦已增加了亮度，而人体的油脂与温度又使石质更加温润通灵，火气褪尽，老到成熟。这种特殊的光亮称之为“包浆”。“水饺”摆件，是石宴题材，这盘标准的山东大水饺，皮薄馅足、个个饱满、雕工精细，其功夫达到了炉火纯青的地步，能以假乱真，仿佛刚刚出笼一般，诱人之极。

福州寿山石，这一大自然赋予的瑰宝，以其变幻无穷、千姿百态的天趣，经过代复一代文人墨客们的赞赏交誉、百般推崇，加之帝王贵族的推波助澜，使其身价与地位骤增，称雄海内外，并成为金石鉴藏家们竞相猎取的“宠物”。更有甚者不惜投以重金求得一石，被传为佳话，正如一百多年前被奉为寿山石鉴赏文文献第一篇的作者清代高兆在《观石录》所形容：“(寿山石)美玉莫竞。贵则荆山之璞，蓝田之种；洁则梁园之雪，雁荡之云；温柔则飞燕之肤，玉环之体。入手使人心荡。”寿山石以绚丽多彩的颜色闻名于世，丰富的寿山石雕，题材广泛、丽质天成、雕工精湛。一盘诱人的《寿山芙蓉石·水饺》，真是让人食指大动，眼福大饱！

（图片摄影：吴 勇）

精美的水果叉

这件《精美的水果叉》是2008年秋，我从曹家渡上海友谊商店觅来的。它是一件实用工艺装饰品。这套由五件合金材质精制而成的西洋用具，包括一个剑架和四把西洋剑。剑架高11厘米，共有三层，上层是直径为5.6厘米，八个对称葵花状的刻有精致图案并对称有四个剑孔的托面，中层直径为3.2厘米，有六个对称葵花状的托面，底座直径为4.2厘米，有六个对称葵花状的刻有精致图案的接面；四把剑分别为两种剑，带护手的是重剑，剑长8.2厘米，不带护手的是细剑，剑长8厘米。整套饰品外形精美，做工考究，质感圆润，小巧玲珑，仪态优雅，美观实用。

水果叉造型包罗万象，品牌繁多，如从材质上区分，更是五花八门，有竹、木、石、玉、铁、铜、银、陶瓷、紫砂、象牙、珊瑚、犀角、珐琅、玛瑙、水晶等。不过不同的材质，使用的效果不同。这件作品选用食品级304不锈钢材质，健康安全，耐磨耐用，顶部镂空手柄十分精致，表面光滑细腻，四件水果叉不同造型，避免混用。水果叉不再是一件简单的实用品，而是集实用与工艺于一身的艺术品。

收藏是一门艺术。收藏其实是收藏历史，里面充满知识，是一门学问，充满无穷的乐趣。这件创意剑叉，充满巧思的别致造型，清新典雅，让你爱不释手，无论吃水果或尝甜品，都是一次极佳的美妙享受。

（图片摄影：吴　勇）

别具一格的螺钿漆器·几架

空暇时，上海友谊商店工艺品柜，是我常常光顾的去处。多年前我觅得了三件来自产地山西晋城的漆器镶螺钿几架。晋城是华夏文明的重要发祥地，具有深厚的文化底蕴、世代流传的手工工艺和大量有价值的考古发现，其中螺钿漆器工艺便是一例。螺钿漆器始于唐开元年间，盛于明清，晋城漆器技术精湛，素负盛名，成为“民族瑰宝”晋城文化和艺术传播的载体，被誉为“经商故里”的“三绝”之一。

三件形态各异、工艺精湛、高贵典雅的漆器镶螺钿座，尽显晋城螺钿漆器的精美传统民族工艺。其中，漆器镶螺钿六边座（见图左）：高 11 厘米，长 23 厘米，宽 15 厘米；漆器镶螺钿六角等边座（见图中）：高 11 厘米，对角线 23 厘米；漆器镶螺钿方形座（见图右）：高 6 厘米，边长 12 厘米。它们器型不同，造型优美，精致雅趣，古朴大方，极为罕见。

文案清供相匹配的几架座托，不仅是一种实用器具，更是一种可供赏玩的艺术私藏品。在赏析明式家具材质、工艺和审美等整体特质时，往往容易忽视几架等文案清供的审美价值。虽说是辅助物或配角，其实它符合“红花需要绿叶衬”的道理，更能让主题展现得淋漓尽致，起到“锦上添花”“烘云托月”的效果和作用。相匹配的几架座托与文案清供密切相关，作为旧时文人书房必备用品，是文人雅士们燕闲生活的寄情雅玩。虽然形制不大，但制作精巧，尤为读书人所喜爱，在明式家具中占据重要的一席之地。

螺钿又称钿嵌、坎螺、陷蚌、螺填或螺甸，经螺钿装饰的器物，绚丽奇幻、光华可赏，有一种低调的奢华感。螺钿是我国传统装饰工艺，它是用贝壳薄片制成人物、亭台楼阁、鸟兽、花草等形，镶嵌在雕镂或髹漆器物之上的一种装饰技法。具体方法是：用蚌壳磨成薄片，按图案花纹锯成各种形状，然后把它们拼粘在漆坯上，再上一层灰底，表面髹上一层上光漆，经磨显、揩光，使漆面光滑如镜，最后在螺钿上刻画花纹。螺钿一般都镶嵌在乌黑的推光漆背景上，这样与白色晶莹的螺钿相衬，黑白分明，既优雅细致又朴实清丽。早在西周时期，螺钿已作为装饰镶嵌于漆器之上。至唐代，这种工艺有了很大发展。在元朝时，螺钿镶嵌又出现了新的工艺，制作更为精细。它凝结了中国传统的工艺之美，值得细细品赏。

螺钿漆器是中国古代五彩缤纷的漆艺百花园中一朵瑰丽的奇葩，她以华丽多变的色彩丰富了漆器装饰艺术。螺片与漆，一个闪烁如星，一个漆黑如夜，它们的结合，令人想起晴朗夏夜星光璀璨的夜空。因此，她常常被赞誉为一门“黑夜与星辰”的艺术，给人以五光十色的美感，是明清时期颇为流行的民间传统漆器装饰艺术。

（图片摄影：张静庵）

鼻烟壶·松鹤图

鼻烟壶指的是盛鼻烟的容器，小可手握，便于携带。明末清初，鼻烟传入中国，鼻烟盒渐渐东方化，产生了鼻烟壶。

该内画鼻烟壶，藕粉地，洁净如水晶，高 9 厘米，宽 4.2 厘米，厚度 2.5 厘米。两只仙鹤，它们身上片片洁白的羽毛勾画细腻，渲染得精细入微；一只回首远眺，一只引颈高鸣，好像是在凝望着遥远天边飞过的伙伴。两只仙鹤的造型精练准确，犹如得道神仙般神态清朗，自在安详，没有一丝庸俗，鹤的足和喙刻画得十分逼真。旁边葱翠苍松则仿佛虬龙，显现出岁月的悠远与苍茫。由于丹顶鹤的寿命可达五六十年，自古以来人们便把它同松树绘在一起，叫作《松鹤图》，作为长寿的象征。

鼻烟系一种烟草制品，原为西洋之物，源自烟草发明者南美洲印第安人。明末清初自欧洲传入中国。雍正时期鼻烟壶造型向多元化发展，有直筒式、扁壶式、扁圆壶形、多棱壶式及各种竹节、鱼篓、瓜形等肖形造型，新奇生动。内画鼻烟壶出现于嘉庆末年道光初期。它是用特制的微小钩形画笔，在透明的壶内绘制而成的。如今，人们嗜用鼻烟的习惯几近绝迹，但鼻烟壶却作为一种精美艺术品流传下来，而且长盛不衰，被誉为“集中各国多种工艺之大成的袖珍艺术品”。

（图片摄影：张静庵）

铜胎雕漆·凤尾瓶

这件漆器花瓶，是原友谊商店迁至曹家渡时觅来的。色泽质感极佳，纯手工制作，做工精细美观，品相完好，整个器形精致漂亮，雕刻极为精美，胎体为铜胎打造，朱红大漆数十层至百余层，工艺烦琐精细，花纹漂亮雅致，雕刻精细，刀法犀利流畅，品相完整。

该铜胎雕漆凤尾瓶，瓶高 21 厘米，口径 5.7 厘米，胸径 9.9 厘米，底径 7.2 厘米。喇叭状口，长颈，鼓腹，下敛，至底又广，形状略似凤尾，故名。图案主题为“葫芦”，因和“福禄”谐音，所以有长寿的含义。民间认为葫芦有着驱邪护宅的寓意，从五行来说，它属于至阳之物，能压邪气，所以它又是富贵吉祥的象征。古代夫妻结婚都会饮用葫芦盛装的酒，寓意夫妻百年好合，因此后人都视它为吉祥如意物。因葫芦是藤蔓植物，而且枝蔓密集，繁花密布，还寓意着家庭兴旺发达、子孙满堂，历来被视作吉祥物。由于漆层甚厚，得以高下磨砺，所以纹样的轮廓圆润，叶形优雅，葫芦饱满，刀法变化万千。

漆雕，以其原料珍贵，工艺复杂漫长、纹饰精美考究，以及大漆独有的色泽、质感和富有立体感的画面，有着震撼人心的艺术效果，成为皇家御用重器，被视为华夏艺术史上独一无二的“至尊中国红”。它一般髹朱饰黑，或髹黑饰朱，以优美的图案在器物表面构成一个绮丽的彩色世界。

漆树产于中国，漆器的制作工艺相当复杂，首先须制作胎体。胎为多种，有木制、陶瓷、铜或其他材料。也有用固化的漆直接刻制而不用胎。胎体完成后，漆器艺人运用多种技法对表面进行装饰。漆器的特点是可以抛光，可与瓷器媲美。漆层在潮湿条件下干燥，固化后表面坚硬，有耐酸、耐碱、耐磨的特性。我们祖先制作的优美绝伦的漆器，像陶瓷、丝绸一样，是民族文化的瑰宝。《铜胎雕漆·凤尾瓶》不愧为一件难得的好藏品。

（图片摄影：王 路）

掐丝珐琅彩·金鱼

这对掐丝珐琅金鱼，是我从友谊商店迁址金陵东路后觅来的。掐丝珐琅是汉族传统工艺品，属于珐琅器品种之一，它通常特指铜胎掐丝珐琅，又称“景泰蓝”。据考古发现，珐琅器最早诞生于公元前12世纪的古希腊。到了12世纪，掐丝珐琅器由阿拉伯地区逐渐传入我国。

这对橘红和翠绿珐琅金鱼高4厘米，长11厘米，宽7.5厘米，由15个关节相连接，而且每个关节都可以活动自如，其体型大小和形象，如同真鱼一般，工艺真可谓达到精湛、神态逼真和栩栩如生的境界。中国工匠在学习、

掌握烧制珐琅技术方面，根据中国民族传统的审美趣味，生产出了具有本民族风格的制品，但在装饰品方面，明显地仍然保留着一些阿拉伯民族的艺术韵味。

掐丝珐琅的制作可分为制胎、掐丝、烧焊、点蓝、烧蓝、磨光和镀金即抛光，共七个工序步骤。简单地说，其工艺既运用了青铜工艺，又利用了瓷器工艺，同时又引进了传统绘画和雕刻技艺，堪称中国传统工艺的集大成者。掐丝珐琅技术引入最早可追溯至元代，但当时工艺还很粗陋，胎型笨重，掐丝欠均匀，色彩也单调。到了明代中期，工艺臻于成熟，不仅制胎巧夺天工，器形丰富多样，釉色更是变幻万端。

金鱼起源于中国，也称“金鲫鱼”，它易于饲养，色彩绚丽，形态优美，深受人们的喜爱，是我国特有的观赏鱼种。

掐丝珐琅传入我国后，既受到中国工匠的青睐，又被艺术家充分创作运用，达到了雅俗共赏的高度，出现了民间喜欢的名目繁多、喜闻乐见的花鸟、走兽等题材，作品往往更多的是体现一种吉祥的文化，一种喜庆、祥和的气氛，表达如意、美好的祝愿。《掐丝珐琅•金鱼》不愧是一件光彩夺目、享有盛誉的珐琅器皿，而且能够给人以美的享受，引起共鸣，它还包含传统的“金玉满堂、年年有余”的美好寓意。

（图片摄影：王 路）

载于《新民晚报》2021年8月4日第21版

瀛洲图古墨

此件《瀛洲图古墨》，是我十多年前在风景如画的安徽婺源旅游途中，在老街的店铺里觅得的。它系上世纪七八十年代胡开文墨厂所制，计九枚，分别是“苏世长、房玄龄、颜相时、褚亮、李守素、刘孝孙、于志宁、陆德明、姚思廉”。尽管这盒墨有些时间了，但其墨保存完好，只是因干燥有轻微干裂纹，护膜破裂变色，墨背面诗文依稀可辨，墨盒规格高 2.6 厘米，宽 15 厘米，长 23.5 厘米，品相依然完好。

科举制度的实施，使士人有凭借个人才能得以晋升的机会，所谓“朝为田舍郎，暮登天子堂”，士人不必再像汉代那样求推举，不必再像南北朝那样由门户高低来决定一生的命运，个人才能已在某种程度上得到统治者的重视，因此，让士人的潜能得到了前所未有的施展。瀛洲为传说中的海上仙山，后来便以“登瀛洲”喻指考中进士,有飞黄腾达之意。自唐宋以来,以“登瀛洲”为主题创作的画家代不乏人，包括宋朝的李公麟、刘松年，明代的仇英、尤求，清代的董浩、陈焕、钱杜、杜元枝等都画过《登瀛洲图》，但所绘的内容，无一例外都是以唐代十八学士为主题。据《旧唐书•褚亮传》记载，唐武德四年（621 年），李世民于宫城西开文学馆，招致四方人才，有杜如晦、房玄龄、于志宁、苏世长、薛收、褚亮、孔颖达、姚思廉、陆德明、李玄道、李守素、虞世南、蔡允恭、颜相时、许敬宗、薛元敬、盖文达、苏勖，号曰十八学士。后薛收死，补刘孝孙。

唐太宗李世民命大臣图绘十八学士以表赞其功，世人称之为“登瀛洲”，此即“瀛洲图”的由来。此套墨共九锭，长方形，形制规格一致。正面每锭描写“李守素”“杜如晦”等九人姓名并浮雕绘写与之相对应的人物故事图。背面铭对应评价，行书阳识，细腻流畅，后钤印并涂金。此套《瀛洲图古墨》刻墨精细，制作精良，人物栩栩如生，文字流畅秀雅，墨漆黝黑发亮，墨质纯洁细腻。品相完整，题材文雅，不愧为文苑清赏。

石刻摆件·牛车

我因为爱好奇石的收藏，所以对一些微塑摆件十分喜欢，它们往往能为景观石起到画龙点睛和锦上添花的作用。几年前，我曾在万商花卉等市场买了不少摆件。这款古代牛车便是从那里觅来的。

这件石刻仿古牛车，长 7.5 厘米，宽 3 厘米，高 3.5 厘米，是个敞篷车。

有两条黄牛，两个古人，仆人用鞭子赶着牛，另一个可能是主人，坐在车上。我找到一件尺寸相配的千层石作为底座，牛车顿觉形象逼真、古朴生动、栩栩如生。据记载，三千多年前的商代，古人就发明了牛车，顾名思义就是牛拉的车子。历史上它曾是非常重要的交通、运输工具，尤其从东汉末年开始，牛车受到人们特别的青睐，着实风光了四五百年。当年有的大官不仅坐牛车，还亲自拿着鞭子驱赶牛车，如同今天的富豪炫耀开私家车过把瘾一样。我们现今看到的这架车，让我们更多的是感受历史文化的沉淀和源远流长。初期的车为独辕、双轮，车厢是方形或长方形，车辕前端缚有一根叫“衡”的横木，衡两边各缚有人字形轭，用以系马或牛。由于是独辕，必须用双数的马或牛驾车。阏伯之孙相土首先发明了马车，六世孙王亥又发明了牛车。随着农牧业的发展，使商部落生产的东西有了过剩，于是王亥便用牛车拉着货物，到外部落去搞交易，于是便有了“商人”的称呼。秦以前的车，分为两大类，“大车”系指用牛拉的车，车厢大，主要是拉物品用。“小车”并非真是小，而是指由马驾的车，和用牛驾的车相比要小，两匹马或者四匹马拉动着快速行进。同时，马脖子上的铃铛还不住地发出有节奏的响声，很是气派。这类车除贵族享用，还用于战争，因此也称“戎车”。那时，车身大多是敞露的，对乘车人的仪容有讲究，要求保持端正的姿态，在颠簸中还要保持乘坐的姿态。于是，有人把目光投向牛车。牛车行走得慢，颠簸和扬起的尘土也少得多。再者，牛车车厢较大，坐牛车既有车篷，又对车厢加以围挡，人坐在里面，别人看不见，可以自由坐卧。于是从东汉末年起，牛车便逐渐成为官员、贵族乃至皇帝的代步工具。

东汉中期以前，牛车被视为低级别的车辆。据《史记》记载，西汉刚建立时，因为多年战争的原因，马匹奇缺，皇帝出行都找不到四匹毛色相同的马拉车，一些官员被迫委屈乘牛车。从东汉末年起，随着牛车“身价”的提高，其装置也有了变化，车厢里安置了凭几等物，使乘车者能够较舒服地自由坐卧。通过这辆北齐时期的陶牛车，我们可以欣赏到改制后的牛车“容貌”。

《石刻摆件•牛车》，既还原了它曾经的模样，让我们了解了过去的真实面貌，同时，又让我们增长了不少宝贵的知识，了解了遥远的历史。

琉璃・灰鹤

这一对琉璃制作的灰鹤造型别致，形态优雅，是我多年前在北京潘家园地摊上买下的。它高 11.5 厘米，宽 5.5 厘米，长 8.5 厘米。玻璃在明代以前称为琉璃，明代晚期又称为料器，是中国明清时期较为时尚的工艺品。

古法琉璃，是在超过 1400 摄氏度的高温下烧制而成的。琉璃是用铝和钠的硅酸化合物烧制而成，常见的有绿色和金黄色两种。常见种类有手工琉璃、脱蜡琉璃等，其色彩绚烂、美轮美奂，其品质晶莹剔透、光彩夺目。

古法琉璃相传是公元前493年越国的范蠡铸剑时所发现，范蠡认为此物是天地阴阳造化所达成的极致，于是将其随剑一起献给越王。越王感念其铸剑之功，原物赐还，并命名为“蠡”。其后，范蠡遍访能工巧匠，将“蠡”打造成精美的首饰作为定情之物送给了西施。后因战事，西施前往吴国和亲，临别时将“蠡”送还。传说中西施的眼泪滴在“蠡”上，便可看到泪水在其中流动，后人称之为“流蠡”(琉璃谐音)。

琉璃工艺品一直是民间作坊在制作，清代康熙中期玻璃制造工艺开始进入皇宫，套料工艺也是在这个时期出现的。传统琉璃烧制可以概括为如下几个步骤：化料、挑料、吹制、成型、塑型、退火。作品成型后，匠师们要把烧制好的琉璃放到保温窑里，在500摄氏度的环境下保温4天，如果琉璃瓶身没有出现炸裂的情况，说明琉璃已退温成型。

鹤性情高雅，形态美丽，素以喙、颈、腿“三长”著称，直立时可达一米多高，看起来仙风道骨。在传统道教中，鹤被称为“一品鸟”，在禽类中的地位仅次于凤凰，许多传说中的仙人以鹤为坐骑，因此有仙鹤的说法。鹤又是长寿的象征，人们常把优雅的仙鹤和苍劲的古松画在一起，作为益寿延年的象征。

另外，鹤雌雄相随，步行规矩，情笃而不淫，具有很高的德性。古人多用翩翩然有君子之风的白鹤，比喻具有高尚品德的贤能之士，把修身洁行而有时誉的人称为“鹤鸣之士”。可惜时至今日，许多种类的鹤已濒临灭绝，保护这些美丽而优雅的精灵刻不容缓。

（图片摄影：吴 勇）

南非犰狳蜥

我喜欢小动物，2020年底，儿子从网上为我购进了这只形象逼真的树脂摆件。小动物名为南非犰狳蜥，是日本万代公司旗下2020年10月新推出的第七弹新作品。树脂犰狳蜥体形、肤色和尺寸大小与真蜥相当，全长约18.5厘米，呈暗黄色，头部可上下转动，嘴巴可张开，后部有6枚大而有明显鳞骨的鳞片并列，躯体及尾部同样有明显鳞骨的鳞片呈带状排列。躯体部位的鳞片数量有15枚。该摆件身体构造精致且拟真地还原犰狳蜥独特的外表，将布满带状排列鳞片的身体、手脚与尾部针刺状的鳞片完整重现，并有细致的可动设计，通过全身27个关节与内部机构，能还原犰狳蜥蜷成一团并咬住尾

巴的防御造型，充分展现了十足的技术力。

南非犰狳蜥是蜥蜴亚目环尾蜥科动物，身体布满了盔甲般的巨大鳞片，遇到危险时将头尾蜷曲成球状，会把尾巴含在嘴里，把所有坚硬的鳞片都面向敌人，只将尖锐的鳞片、爪子露在外面，以保护腹部柔软的部分，这样天敌就很难入口了。甚至会以这种姿势从山坡下迅速滚下逃之夭夭，跟同类的壁虎相比，南非犰狳蜥的做法显得更为明智，因为咬住尾巴总比丢掉尾巴好。平时它栖息在平坦的砂岩地，白天活动，喜欢群居，通常以家庭为单位聚集在多岩石的沙漠地区。以 8 至 10 只的数量群居。因为避敌方式酷似哺乳类中的犰狳而得名。属于日行性的小型蜥蜴。犰狳蜥为保护动物，可爱的外表与特殊的行为，使犰狳蜥成为热门的宠物，但由于繁殖数量少，加上人为捕捉，使犰狳蜥整体族群数量大幅减少、严重受威胁，在南非已受到法令保护，为 CITES II 的保育类。

这种摆件材质是一种 ABS，是丙烯腈、丁二烯和苯乙烯的三元共聚物，A 代表丙烯腈，B 代表丁二烯，S 代表苯乙烯。兼具韧、硬、刚相均衡的优良力学性能。

这件作品相当精致灵巧，可以作为一件极其生动的装饰摆件，置于电脑、电视机、台灯等任何用品上，成为我非常喜欢和难得的爬“睐”爬“趣”的“小伙伴”。

（图片摄影：王 路）

阿富汗玉·八骏图茶叶罐

阿富汗玉称碳酸盐质玉，也称方解石玉。少部分内部含有透闪石，硬度较高。玉行内简称“阿料”，是一种常见的玉料。洁白清丽，厚质温润，脉理坚密，水灵通透，神似新疆白玉，但价格比新疆白玉便宜，有种特别的可爱气质。

该作品器形呈腰鼓形，高 10.5 厘米，胸径 8 厘米，底径 6.2 厘米；并配有精致黑檀木底座，高 2.5 厘米，直径 10 厘米。采用 24K 锌合金浮雕镶嵌八骏图精制而成。整器显现古朴凝重、高贵雅致。自古以来，玉含“仁、义、智、勇、洁”五德之性，它是权力的象征，所谓化“干戈为玉帛”。玉，致密坚硬，润滑光莹，有着深厚的人文内涵。崇玉、爱玉、赏玉和藏玉是中华民族的文化传统。玉和金相结合是富贵吉祥的象征。

《阿富汗玉·八骏图茶叶罐》，是选用金玉结合的艺术珍品，完美演绎玉石文化和华夏灿烂文明，它不仅是一件有实用价值的珍品，还是一件难得的收藏和馈赠佳品。

贝雕漆器·首饰盒

这几件首饰盒，是多年前我从上海友谊商店觅得的。它来自著名的平遥螺贝雕钿漆器。贝是传统工艺美术创作中一种别具特色的材料，我们熟悉的贝雕、螺钿、八宝嵌、珠宝首饰等，就是与贝壳密不可分的工艺品种。

这件双层仿古饰品首饰盒高 7.5 厘米，长 13.5 厘米，宽 9.2 厘米，分两层，上层存放戒指、项链，下层存放珠宝、手镯等。盒面为正宗仿古婴戏图。漆器选用优质脱水桃木制胚胎，经裱布、刮灰，作逐道上漆、打磨等三十多道工序，再施以描金彩绘、堆鼓罩漆、贝雕镶嵌、云雕、刻漆等工艺加工。苹果形首饰盒：直径 4.5 厘米，高 3 厘米；扇形首饰盒：高 2.5 厘米，上底 5 厘米，下底 2.5 厘米。三件首饰盒做工精细，构思巧妙，造型优美，工艺精湛。平遥漆器技术精湛，是山西传统的名牌手工艺术品，远销法、英、韩、日等国，深受国内外爱好者的欢迎。

竹雕·臂搁

2013 年在上海国际展览中心我满意地收进了这件来自东阳“竹韵居”的竹雕臂搁。其形为仿线装古籍善本——《墨子》。

臂搁长 29.5 厘米，宽 6.5 厘米，高 3.7 厘米。取材东阳陈年奇型老竹，采用留青雕刻，巧取竹节为线装，留有结痕，整体作书卷形状，形色逼真，

典雅古朴，把玩沁心，文思顿涌。竹面以薄意浮雕阴文，以楷书刻有“墨子”“毕秋帆先生集注”和“上海会文堂书局印行”字样，刻工精湛，雕琢严谨，用刀如笔，气韵生动，一气呵成。为文房竹刻之佳作。毕秋帆，名沅，字秋帆，太仓人，清代著名才子，状元，历任陕西、山东巡抚，湖广总督。在政治、军事、文学和考证方面都很有成就。墨子，名翟，曾任宋国大夫。他是墨家学派的

创始人，也是战国时期著名的思想家、教育家、科学家、军事家。《墨子》为毕秋帆等人集注而成，于乾隆四十年完成，计十六卷。

臂搁又称腕枕，是传统文房用品中必备的器物之一，专门用来搁放手臂，以防墨迹沾在衣袖上。臂搁，伴随毛笔而产生，故其历史非常悠久，发展到清代，各种材质工艺的臂搁蜂拥而出，美不胜收。臂搁虽是文玩收藏中的“小器”和“偏门”，但在近年来拍卖市场已渐成气候，珍品升值很快。像2010年嘉德春拍中就有一件清初“马上封侯”竹臂搁，估价22万至28万元，成交价为68.32万元。因此，形形色色的臂搁，如今亦成为不少藏家的青睐之物。作为一名艺术品爱好者，闲暇之时我亦收了几件，虽都为常见的普通器物，但却个性突出，情趣典雅。

中国传统文化用品艺术宝库丰富多彩、璀璨斑斓，臂搁为其中一项。这件竹雕臂搁，仅是收藏中的沧海一粟。真可谓“民间收藏，知识宝藏，悉心珍藏，乐趣无穷”！

（图片摄影：张静庵）

一对岫岩玉·貔貅

八年前，我从藏宝楼请到了这对岫岩玉貔貅。它们长15厘米，高10.5厘米，宽5厘米，体形流畅、色泽古朴、具有典型的“古董”之美。貔貅，别称“辟邪、天禄”，是中国古书记载和汉族民间神话传说中的一种凶猛的瑞兽。它有招财进宝、吸纳四方之财的本领，同时也有赶走邪气、带来好运的作用，为古代五大瑞兽之一（此外是龙、凤、龟、麒麟），称为招财神兽。

相传貔貅龙头、马身、麟脚，形状似狮子，毛色灰白，会飞，是龙王的第九个儿子，凶猛威武。它在天上负责巡视工作，阻止妖魔鬼怪、瘟疫疾病扰乱天庭；能腾云驾雾，号令雷霆，降雨开晴。其形，长大嘴，貌似金蟾，披鳞，甲形如麒麟，取而兽之优，有嘴无屁股，吞万物而不泄。可招八方财，可聚宝，只进不出，神通特异。后来，貔貅就被视为招财进宝的祥兽了。

中国古代风水学者认为貔貅是转祸为祥的吉瑞之兽。从古至今，上自帝王、下至百姓都非常注重收藏和佩戴貔貅，传说貔貅除了开运、辟邪的功效之外，还有镇宅、化太岁、促姻缘等作用。中国传统有装饰“貔貅”的习俗，人们相信它能带来欢乐及好运。朱元璋定都南京后，从地下挖出了一对貔貅，所以就派人在灵谷寺边建造了貔貅殿来专门供养这对貔貅。朱元璋修建中山门，但无奈国库里并无钱财，丞相刘伯温建议朱元璋可以用貔貅来纳财，朱元璋就在城门前放置了一对世界上最大的貔貅，结果招来了各路士绅纷纷捐款，场面十分壮观。这让朱元璋感慨万千。现如今所能见到的最早的貔貅形象的艺术作品，向上可追溯到汉代，大多为带有翅膀的四只脚神兽，等到了南北朝的时候，貔貅的形象变得更加抽象了，用它装饰的味道就变得更加浓郁了。

《岫岩玉•貔貅》摆件，造型生动、结构优美，既有厚重的历史年轮，又有生动奇巧的夸张变形；既有自然天成的浓厚包浆、细腻纹理，又有人工精湛娴熟的雕刻工艺。形神兼备、动感流畅、色泽古朴，富有质感。真是大器雄浑、古朴稳重，具有典型的“古董”之美。岫岩玉与其他材质不同之处，在于雕刻完成之后搓磨至浑圆光亮，再经绿矾水浸泡成棕褐色后，再多次擦蜡，即成光亮精美的工艺品。

山秀园石·锹甲

这件体格威武粗壮的锹甲，还有些分量的寿山山秀园石，其最胜任的“职位”是作镇纸。山秀园石的特征是石色相间，主要有红、棕、黑等色层断断续续地相间或相夹或成夹层状，其中黑色为多，作品仅五分之一的地方雕了一只威武好斗的大锹甲，其余黑色部分全是底座，好像秤砣似的。

作品长 12 厘米，高 8 厘米，宽 4 厘米。锹甲稳稳地站在上面，紧紧地守护着周围的一切。锹甲属于昆虫纲，体粗壮，黑或褐色。体长 7 至 12.9 厘米；长椭圆形或卵圆形，背腹扁圆。

锹甲是金龟总科甲虫中一个独特类群，因其上颚（牙齿）发达（尤以雄虫上颚特别发达），多呈似鹿角状而区别于其他各科。强大的上颚是作战的武器，真可谓武装了牙齿。锹甲是一种好斗的昆虫。一身坚硬盔甲又带着发达大颚的锹甲，一直被广大昆虫爱好者吸引，尤其是锹甲标本长久以来受到众多收藏家的关注。锹甲分布范围很广，尤其东南亚以及南亚，可谓锹甲的大本营。中国分布着超过 250 种的锹甲，资源相当丰富，是世界上锹甲科分布种类最多的国家。饲养锹甲的爱好者队伍也在逐渐扩大，现在走进不少花鸟市场的所谓“爬来爬‘趣’”宠物馆，就有锹甲的身影。

《山秀园石·锹甲》不仅是一件观赏的摆件，还是一件实用的文房用具。

一对铜麒麟

这对铜麒麟神态威武，气宇轩昂，栩栩如生。它长11.5厘米，高13厘米，宽11厘米。从其外部形状上看，集龙头、鹿角、狮眼、虎背、熊腰、蛇鳞、马蹄、牛尾于一身。

《礼记•礼运》:“出土器车，河出马图，凤凰麒麟，皆在郊棷。”又:“麟凤龟龙，谓之四灵。”麒麟，中国传统祥兽，是中国古籍中记载的一种神物，中国神话中的独角兽，与凤、龟、龙共称“四灵”，是神的坐骑，古人把麒麟当作仁宠。汉族民间认为麒麟有镇宅辟邪，增添家中吉祥的作用。麒麟还有旺后代的作用，因此民间自古便有“麒麟送子”之说。

麒麟所具有的吉祥意义使它备受民众喜爱，给人们以希望、安慰和某种追求的力量。它也成为收藏者的至爱。

琉璃·鸡

这对琉璃鸡，是我从北京潘家园地摊上觅来的。它们是琉璃制作的，造型精致，色彩靓丽，形象生动，非常可爱。《琉璃·鸡》，高 8 厘米，长 6.5 厘米，宽 5 厘米。琉璃，是以各种颜色（颜色由各种金属元素产生）的人造水晶（含 24% 的二氧化铅）为原料，在摄氏 1000 多度的高温下烧制而成的稀有装饰品。其色彩流云漓彩，品质晶莹剔透、光彩夺目。中国古代最初制作琉璃的材料，是从青铜器铸造时产生的副产品中获得的，经过提炼加工然后制成琉璃。琉璃的颜色多种多样，古人也叫它“五色石”。古时由于民间很难得到，所以当时人们把琉璃看得比玉器还要珍贵。

我从小热爱小动物，曾经养过鸡、鸭、鹅，甚至小兔子。当中对鸡更熟悉，尤其喜爱小鸡。记得上世纪五十年代初，我还在上小学时，生活比较节俭，我居住在市郊的工人新村，家中养的一只芦花鸡突然不下蛋了，整天趴在窝里不吃不喝，人到跟前，它就咕咕叫个不停。原来鸡要“懒孵”了。母亲在集市里挑选了一些新鲜种蛋，找来家中的一只“饭焐子”（五六十年代上海人家常有给饭保温用的）给鸡作“孵窝”。每天早上我把母鸡抱出窝外，让它方便，并给它喂些食，再将它抱回窝内；放学回家，我总是先要悄悄走到鸡窝边，看看母鸡的情况。它的责任心很强，相当尽职，整天守在鸡窝里，不声不响，真是体现了母爱的伟大……天天如此，整整二十一天坚守在草窝里，三周后小鸡果然先后都出壳了，模样十分惹人喜爱。我每天给它们喂食，看着它们逐渐长大，然而家里不可能养这么多鸡，总要进行处理，而我是坚决不同意的，所以往往等我上学去时，家人悄悄处理了。等我回家发现后，我会大吵一场，从此以后，凡是带翅膀的东西，我从来不吃，至今同样如此。

《琉璃·鸡》，让我重拾了童年时期的美好回忆，会给我带来那些非常想念和难以忘怀的真实故事。

一对琉璃貔貅

这对琉璃貔貅是我六年前购于久光八楼工艺品柜，长 13.5 厘米，高 7 厘米，宽 4.5 厘米。貔貅有嘴无肛，能吞万物而不泄，只进不出、神通特异，故有招财进宝、吸纳四方之财的寓意，同时也有赶走邪气、带来好运的作用，为古代五大瑞兽之一（此外是龙、凤、龟、麒麟），称为招财神兽。

古法琉璃已有 2500 年历史，自古一直为皇家享用，采用“琉璃石”加入“琉璃母”在摄氏 1400 多度高温下烧制而成，其色彩艳丽，美轮美奂；其品质晶莹剔透，光彩夺目。中国琉璃艺术历史悠久，最早在商周就有记载。琉璃属于价值不菲的艺术品，被誉为中国五大名器之一（金银、玉翠、琉璃、陶瓷、青铜），佛家七宝之一。佛教传入中国后奉琉璃至宝。经书这样写道：“愿我来世得菩提时，身如琉璃、内外明澈、净无瑕秽”，古法琉璃因而成为佛家七宝之一。

貔貅按照风水的说法摆放很讲究，貔貅的头可以朝着门窗的方向，但不建议头直冲正门。器物既得，则讲位置：室得器而生幽雅之味，器入室则具清供之美，此深关主人之才与情、格与境。董其昌《骨董十三说》中论：“骨董非草草可玩也。宜先治幽轩邃室，虽在城市，有山林之致。”“幽轩邃室”而具“山林之致”，这便是文人玩物怡情之外的精神旨归，亦吾之所求。庄子所谓“超然世外，欲乘物以游心，逍遥驰骋”，似可寻也。

《一对琉璃貔貅》器形精致、线条流畅、色彩绚丽，它是华夏悠久历史留下的传统文化的一种标记。

（图片摄影：吴 勇）

戈壁石·绿色草原牧场

2008年秋，我乘坐的越野车奔驰在一望无际的内蒙古大草原上，此行前往的目的地是内蒙古阿斯哈图石林。途经著名的内蒙古乌兰布统草原牧场时小憩了一下，该草原牧场周边的景色真是迷人，她不愧被称作水的源头、云的故乡、花的世界、林的海洋，是大自然神奇造化对人类的无私恩赐：春天，万物复苏，草原上一片生机盎然；夏季，一片葱翠的草场，百花怒放；秋季，

草原泛现一片金黄，令人流连忘返；冬季，到处是银装素裹，雪天相连，圣洁美丽。草原四季的美景真是让人神怡心旷。

绿色草原牧场位于杜尔伯特蒙古族自治县境内。牧区的面积占全场总面

积近一半，为垦区最大的草原经济区。乌兰布统是清朝木兰围场的一部分，因康熙指挥清军大战噶尔丹而著称于世，这里有辽阔的草原、幽静的白桦林、世界珍稀沙地云杉；有包括滦河源头、金莲花滩在内的湿地，还有历史文化遗迹，完全可以和欧洲草原风光媲美，成为中外闻名的影视外景基地……乌兰布统草原牧场的美丽深深镌刻在我的心中，让我久久难以忘怀。

闲暇时，勾起了我创作的念头。为此，我经过思考，精心选用了逼真精致的德国 Preiser HO（1：87）的微塑树脂模型，用一件漂亮的随形戈壁泥石作底板，组成了一个小品《戈壁石•绿色草原牧场》作品。其中，五位牧场工人高 2.2 厘米，长 1.5 厘米，宽 0.5 厘米；两架牛车、马车模型，大约长 8.2 厘米，宽 2 厘米，高 2.5 厘米；牧场中的七头牛、两匹马，长 3 厘米，宽 0.5 厘米，高 1.5 厘米；两件木房宿舍，长 5 厘米，宽 4 厘米，高 3.5 厘米。随形戈壁泥石长 35 厘米，宽 22 厘米，厚 0.8 厘米，是产自内蒙古的奇石，体表呈土黄色，石表纹理细腻、漂亮，具有山地草原地貌特征。画面中有浓郁的民族风情：勤劳、朴实、好客的草原人会把您请进蒙古包，捧出醇香的奶酒，献上洁白的哈达；牧场上悠闲自在的黑白花牛，有的低头吃草，有的昂首远望，有的安详静卧；牧场工人正忙碌着，有的推着三轮小车，有的在装卸货物，还有等待装卸的牛车和马车……组成了生动完美、多姿多彩、如诗如画的乌兰布统大草原立体画面，呈现出美丽而生动、宁静又繁忙的草原牧场景象。

时间飞逝，十多年过去了，不时地从新闻媒体上了解到昔日的乌兰布统草原牧场，被条条“绿龙”紧锁，更加绚丽灿烂：草原上野花烂漫，和风吹过，像是绿色的海洋荡起一层层波浪，真是令人心旷神怡。这件《戈壁石•绿色草原牧场》小品，唤起了我十多年前难忘而又美好的回忆。

仿太湖石瓷山子·笔架

2015 年夏，收藏协会赴景德镇学习实践，我在一个集市上收下了这件《仿太湖石瓷山子·笔架》。其实它是当地学生实践创作的作品，长 25 厘米，高 7 厘米，宽 4.6 厘米。它采用仿石釉制作，所谓仿石釉，是一种特殊制瓷工艺，用相似于各色石质纹色的彩釉，勾绘石头的纹理，有大理石釉、虎皮石釉、竹叶石釉、卵石釉、绿松石釉等。其实，早在乾隆时期石釉制瓷技艺就

达到了巅峰，加上乾隆嗜古成癖，精益求精，瓷器制作创新之风盛行，清乾隆年间朱琰《陶说》曾称："戗金、镂银、琢石、髹漆、螺钿、竹木、匏蠡诸作，无不以陶为之，仿效而肖。"其工艺精湛，巧夺天工。到民国年间鉴赏家许之衡《饮流斋说瓷》亦称："骤视绝不类瓷，细辨始知皆釉汁变化神奇之至也。"瓷器虽是以土为器，可塑性极强，但它又是泥和火的艺术，在窑烧的过程中会有很多变化，包括釉变、变形等，所以，仿生类的瓷器往往成品率不高。

石坚贞，不以柔媚悦人，石沉静，不随波逐流，吾乐与之为友。《仿太湖石瓷山子·笔架》群峰造型，沟壑嶙峋，褶皱细密，仿佛太湖石中肌理，外施仿石釉，斑斓苍雅，质感逼真，包浆沉厚，古意盎然，让人瓷石莫辨，造型规整隽美，胎质细腻，釉水丰润肥美，光滑莹润。其状玲珑透空，峰峦洞穴皆具，妙境天成，面面而观，皆具画面，不失文人雅士书香之气。整件作品气质婉约秀美，体现出独到的艺术匠心。

芙蓉石·水盂

水盂，又称水丞、砚滴，主要作用给砚池添水。它最早出现在秦汉，有专家称其为文房“第五宝”。

多年前我从藏宝楼二楼的福建人摊位收进的这件芙蓉石水盂，它采用寿山芙蓉石手工精雕而成，长 11.5 厘米，宽 5.5 厘米，高 4 厘米。作品完全以俏石方法雕制，以青白色的部分雕成一张自然卷曲而成的荷叶，而色质呈赭红的部分，雕了几片树叶，上面还生动地雕了两只栩栩如生的小瓢虫。细细欣赏，觉得其内涵丰富、耐人寻味。首先，荷就是象征“合”，是团圆平安的意思。其次，树叶瓢虫，瓢虫为鞘翅目瓢虫科圆形突起的甲虫的通称，是体色鲜艳的小型昆虫，和所有的野生动物一样，它们没有庇护所，只能坚强地忍受各种恶劣的天气，有时它们会藏身于树叶之下，把它作为挡风遮雨的保护伞。作者雕刻瓢虫的寓意，显而易见是富甲天下，安度世界。作品采用寿山石中的芙蓉石雕刻，上品芙蓉石天生丽质，雍容华贵，微透明而似玉非玉，手感特别好，前人形容其“如脂如膏如腴”。

这件《芙蓉石·水盂》精致小巧，最能激发收藏者和文人雅士的审美情趣，故同类作品不但受到许多收藏爱好者的青睐，其投资价值在文房收藏中亦颇受欢迎。

山秀园石·福甲天下

山秀园石质地细腻脂润，微透明，有红、黄、白等色，红如蜡烛，黄似蜂蜡，石中时有黄色的砂粒或砂团。质地稍粗的山秀园石，不透明，含砂粒，其色泽与纹理很有特色，在白色或淡黄色的石体中，有红、棕、黑等色层断断续续地相间或相夹，饶有情趣。

这件《福甲天下》甲壳虫摆件长9厘米，宽5.5厘米，高4厘米。其色有三层，上面赭色部分雕了两只甲壳虫；中间浅灰色部分雕了一张荷叶；底部黑色部分为土壤。这件作品其实含义深刻，古埃及人将甲壳虫看作生命繁衍的吉祥物。在古埃及的文化体系中，更是被尊称为圣甲虫，是埃及众神之中地位超然的存在。

甲虫或甲壳虫就是鞘翅目昆虫的俗称。该目在昆虫纲乃至动物界中种类最多、分布最广，能飞，民间俗称花大姐。

《山秀园石·福甲天下》逼真、形象和生动。它不仅是一件可供观赏的摆件，也可作为文房实用的镇纸。

鱼化龙·紫砂壶

父亲一生不抽烟，偶尔喝点啤酒，唯独嗜好喝茶，而且是绿茶。每天清早起来，我总要先为他沏好一杯茶，每逢遇有好的茶叶，总是先孝敬他。他一生都是位普通工人，故也没有什么可以留传给我的，唯独就是这件鱼化龙老茶壶，是他的一个老朋友送的，容量为350毫升。

“鱼化龙壶”也叫“龙壶”“鱼龙壶”“鱼龙戏浪壶”，其造型取中国传统寓意纹样，亦名鱼龙变化。鱼化为龙，古喻称功成名就、金榜题名，蕴含飞黄腾达、平步青云的理想。是属于一种龙头鱼身的龙，亦是“龙鱼互变”的一种形式，其历史渊源悠久，相传龙头鱼身，是鲤鱼误吞龙珠所致。又寓意独占鳌头、高升昌盛。据史料记载，明末紫砂艺人陈仲美制作过“龙戏海涛”

壶，但未流传下来。有专家认为“龙戏海涛”壶就是“鱼化龙壶”，陈仲美就是该壶的创造者。到了清代嘉庆、道光、咸丰时期，经邵大亨的精心设计，“鱼化龙壶”才成为广泛流传的经典壶形。后世虽有不少紫砂艺人都曾仿制“鱼化龙壶”，但在造型尤其是气韵方面不能与邵大亨相比。清末紫砂艺人黄玉麟模仿邵大亨“鱼化龙壶”取代邵大亨，成为“鱼化龙壶”的标准样式。黄玉麟所制“鱼化龙壶”，砂质温润细腻，紫里透红。壶里饰云浪纹，生动和顺，舒展流畅；鱼、龙、云浮雕饰与壶身浑然一体，刻画精细，出神入化;作品整体风格奇巧俏丽。近代紫砂名家范大生，现当代紫砂名家朱可心、汪寅仙、何道洪等都制作过精美的“鱼化龙壶”，使这一经典壶型得以延续和发展。

鱼化龙壶的特点是壶把满饰鱼鳞纹，壶身为圆形，由几块波浪组成。一面波浪中伸出凶猛的龙头，张口吐出一颗发光的宝珠，另一面刻鲤鱼跃出波涛。壶盖呈波涛汹涌，浪尖探出立体雕出的龙头，祥云作为壶钮，龙头可伸缩，倾茶时，龙头伸出同时龙头里亦伸出一根细舌头。该壶设计巧妙，造型华丽大方，刻画精细而不烦琐，块面清晰简洁，线条流畅明快，沉静中透出活泼，令人叹为观止。

这件《鱼化龙•紫砂壶》用料考究、精工细制，壶身云纹间忽现龙腾、(另面)鱼跃！壶把以龙身及尾,壶盖钮（云）下,龙头（还有龙舌头）伸缩自如，活灵活现，栩栩如生，精彩纷呈，可谓玩壶藏家珍赏之爱。

紫砂·竹节壶

《紫砂·竹节壶》，器身呈竹节状，各处均仿竹而为之，与器身连接处以浮雕竹叶点缀。竹节壶亦称“竹段壶”。竹节是紫砂茗壶上常见的传统题材，表现出古人崇尚竹子的“虚心”“有节”，也有“节节高升”“虚心傲骨”之寓意，将文人情操和美好寓意结合在一起，颇受文人喜爱。自然竹节形态茗壶，一直是人们喜爱的紫砂壶形态之一。此壶容量 260 毫升。

这款竹节壶外形美观，壶身扁平，壶肩挺拔有精神，嘴、钮、把的处理更是精彩，局部贴以竹枝、竹叶加以装饰，随心所欲的自然形态，恰到好处的组合，细微处的处理，交代得清清楚楚，都显示出制壶人的技巧与审美的不俗。竹节外形秀丽，质感坚硬，寓意为高风亮节，象征着坚韧坚贞和顽强不屈的气节。竹节四季常青，寓意为长寿安康和青春永驻，象征着植株旺盛的生命力，将其送给长辈或老人，是对长辈和老人身体健康和幸福长寿的美好祝愿。竹，彰显气节，虽不粗壮，但却正直，坚韧挺拔；不惧严寒酷暑，万古长青。竹是君子的化身,是“四君子”之一。竹、梅花和松是“岁寒三友”，松象征常青不老，竹象征君子之道，梅象征冰清玉洁。竹，有着不一般的中国传统文化含义，竹子空心代表虚怀若谷的品格；其枝弯而不折，是柔中有刚的做人原则；生而有节、竹节毕露则是高风亮节的象征。竹的挺拔洒脱、正直清高、清秀俊逸也是中国文人的人格追求；竹子是骨气的象征，它一直有刚直不阿、有气节、谦虚等寓意，古人甚至说过“不可居无竹”，其实就是用竹子来比喻自己，不同于只追逐世俗名利的人。竹子是正气的代表，身上有着一股浩然正气，有正人君子的风度，也是积极向上、正派、阳刚的象征。

《紫砂•竹节壶》真是一把有气质的好壶。

（图片摄影：张静庵）

紫砂 • 大茄壶

2015 年春，我约了原“葛得和”小董，并由紫砂壶爱好者石军专程开车前往宜兴紫砂一厂等处觅壶。让我们失望的是，现在工厂实行改制，艺人都回家作业，工厂车间空无一人。还好厂门前有家门售店还开着，我们总算没白跑，我们各自按个人眼光挑选了几把。这件紫砂清水泥大茄壶非常吸睛，壶身上是一幅“竹报平安日”婴戏图，惹人喜爱，因我天生喜欢幼小的生命，包括热爱小动物。画面出处为唐段成式《酉阳杂俎续集 • 支植下》：“北都惟童子寺有竹一窠，才长数尺。相传其寺纲维每日报竹平安。”“婴戏图”是陶瓷装饰中常见的传统纹样，通过对孩童嬉戏场景的生动描绘，表达了人们祈求子孙满堂的美好意愿。该壶容量为 420 毫升。

“婴戏图”为常见的传统纹样，有一千多年的发展历史。婴童最是纯真朴实，无私无邪，通过对孩童嬉戏场景的生动描绘，不仅表达了人们祈求富贵满堂、喜庆吉祥的美好意愿，又蕴含了企盼“童心”返璞归真，天性纯真美好的愿望。

《紫砂 • 大茄壶》，整器大度，构思巧妙，画面清晰，反映了民众流行和向往的美好心理。

黑泥•牛盖井栏壶

黑泥，自然形成，泥料中可看见点点黑色颗粒，如同泥料中夹杂了芝麻，因而得名。矿产地江苏宜兴丁山黄龙山，产于黄龙山矿脉，是紫砂泥中的夹脂。由黑泥制成的茶壶米黄泛青，养过色润温亮。适合冲泡铁观音、普洱茶、黑茶和乌龙茶。

牛盖井栏壶，是紫砂壶中一款非常经典的壶型，容量为380毫升。采用夸张具象的方式，把牛这一元素融入壶体，牛盖壶壶盖边线起伏作出牛盖，盖高，盖上两边作牛鼻孔，孔浑圆，中间一条宽型带，与中间牛鼻孔融于一体，分上下两层，以牛的鼻孔形状作为壶盖的摘手，故为牛盖。其牛盖切合紧密，整体清秀敦厚，胎质细腻，色泽典雅。“野塘水慢浮牛鼻，古道尘旋没马头。”这是钱锺书先生《晚步》中描写的情景：微微露出的牛鼻犹如水淹没了牛身，巧妙自然，牛盖饱满，生动与趣味精美结合。牛盖壶工整严谨，古朴大方，神韵有加，口盖整体平整光滑，外形流畅。

此款牛盖壶运用豆青泥作胎，泥色庄重神秘，壶身呈圆柱筒状，将生硬的加工的线条感觉演变为曲线；短颈，宽口，肩部收敛成口，外包口沿；短嘴，一弯流，出水流畅；壶柄耳大圆润；壶体敦实沉稳，整体造型自然、庄重。

黑泥·汉扁壶

《黑泥·汉扁壶》，其扁圆的器形，给人一种虚怀若谷、逍遥自在的感觉。它的个性鲜明，造型美观，令人玩味不尽。该壶很像紫砂中的扁壶，早见于明代时大彬款制作的“虚扁”，该器特点就是“扁”。该壶容量为350毫升。

该壶造型奇特，器形屈曲和谐，寓潇洒于纤巧中，形扁而气度轩昂，刚柔相济。泥质为黑泥，经烧成后，粗犷中豪气盎然，反映出特有的肌理效果。壶底刻有“江建华制”篆体书款，刻款铁划银钩，笔力遒劲，壶身细腻圆润，把、流弯曲有致，盖口严密。此壶器既大又扁，其成型难度较大，故比较少见。

清水泥•梅枝壶

这把壶是二十年前，友谊商店古玩品区搞活动时我从库存处理觅来的。此壶名称为梅枝壶，其壶身、流把、盖用仿真的手法来捏塑，梅花采取贴花法塑，栩栩如生。容量为 260 毫升。

作品气韵生动、整体协调，惟妙惟肖，具有浓厚的东方艺术文化特色和高雅的艺术欣赏价值。此壶壶身以一枝生动而有气势的梅树为身段粘塑而致，气度非凡、端庄稳重。以变化多端的树枝为壶流、壶把，树枝和瘿节造型自然，有如冰肌铁骨之势。紫砂壶，素来将局部处理作为自己作品画龙点睛之处，此壶中的所有梅花都以异色处理，从而更突显其作品造型的特色和优雅的气度。梅枝壶身苍老遒劲，梅枝把手高耸，花、枝连接壶身，嫩梅和老枝对比强烈，寓“古木逢春”意。整体造型构思独特，把梅花凌寒独放的精神表达得淋漓尽致。

我突然想起陆游《卜算子•咏梅》的词句：驿外断桥边，寂寞开无主。已是黄昏独自愁，更著风和雨。无意苦争春，一任群芳妒。零落成泥碾作尘，只有香如故。意思就是说：驿站之外的断桥边，梅花孤单寂寞地绽开了花，无人过问。暮色降临，梅花无依无靠，已经够愁苦了，却又遭到了风雨的摧残。梅花并不想费尽心思去争艳斗宠，对百花的妒忌与排斥毫不在乎。即使凋零了，被碾作泥土，又化作尘土了，梅花依然和往常一样散发出缕缕清香。

《清水泥•梅枝壶》以简洁、明快的手法，精湛的雕工技艺，纯手工制作将梅枝壶表现得淋漓尽致，不正表达了这种情感和诗意吗？

段泥•供春壶

供春壶据传创烧于明代正德年间，是紫砂茗壶中最具代表性的器型，历代名家大师多有仿制，其中尤以清晚期黄玉麟与清末民初江案卿所制供春壶最具代表性。

该供春壶选段泥为胎，捏塑出似树瘿瘤之造型为壶体，取瓜蒂为盖，线条圆转有力，造型古朴大方，壶身表面开裂的树纹，形成虫蚀木的效果，自然天成，达到“顺物自然而不容私的境界”。整壶制工拙朴自然，不抱成法，独表性灵，充满了返璞归真之味。容量约150毫升。此壶为纯手工制作，器形古朴大方，已精心泡养，有证书，是泡茶把玩收藏升值的佳品。段泥原矿称之“老团泥”，产于江苏省宜兴黄龙山，原矿外观近白色，夹深绿斑点；除可当泥胚制陶外，亦可磨筛成细颗粒，作为调砂效果之用;烧成后呈次鹅黄色，略含极少数红色斑点。另一缎泥之原矿为本山绿泥，产地亦为黄龙山，原矿呈绿灰色，是紫砂泥中夹层中的夹脂，烧成后呈米黄色调。泥料内所含颗粒较大,结构疏松,器身明显呈双气孔结构,空气对流顺畅;日久使用,渐露锋芒,养成变化甚大，为养壶之最佳器材。

《段泥•供春壶》造型古朴精工，温雅天然，质纯薄而坚实，供春之壶，胜于金玉。供春壶虽款式不一，尤以树瘿壶最为世所珍重。此把供春壶，砂质沉秀，金光闪隐，若有似无。壶形取树瘿状，通体自然古朴，壶表面上下凹凸如古树瘿，深得野逸之趣。手感极佳，光滑如玉，质感明显，泡养段时间后包浆效果即现，只能用惊艳来形容她的美。藏品器形优美流畅，制作工艺精湛老成，色彩滋润饱满柔和，壶大小适中，口盖紧密，出水流畅，拿在手中让人爱不释手。

波罗蜜心经·绿泥小扁壶

二十年前，我在友谊商店古玩品区搞活动时，从库存处理觅来这把壶。此壶名称为《波罗蜜心经·绿泥小扁壶》，其壶身呈扁状，流把、盖采用简洁明了手法，壶盖上精细镌刻了“波罗蜜心经”，壶身用工整的笔画书写了《波罗蜜心经》。该器容量为50毫升。

紫砂壶造型众多，器形主要分为方形、扁形、圆形。该壶身似一端正周整的圆扁形，长流的转折呼应重心略向上的环形把，使扁腹向左右延伸。圈足底，盖钮巧妙地凸起令壶的重心上移，腹似虚实有通壶显得精实有神，不致扁塌。绿泥扁形紫砂壶适合泡条索状的武夷茶。壶身较扁平的壶形稳定感强，可以让条索状的茶叶沉在壶里，尽情释香醇。泡武夷陈年老茶，或是想要降低茶叶焙火味，那么扁形壶最适宜。

《波罗蜜心经》简称《心经》，是佛法的精髓。《心经》不仅仅是一部教法，其经文本身，已臻艺术的化境。艺术与宗教之间，本无必然的分野，勉为其难，不啻庸人自扰。《心经》，唐玄奘译，是般若经类的精要之作。由于经文短小精粹，便于持诵，此经在中国甚流行。全经260字，阐述五蕴、三科、四谛、十二因缘等概念，讲述自性本空的佛教义理，认为般若能度一切苦，得究竟涅槃，证得菩提果。该思想被认为是全部般若学说的核心，故称《心经》。

波
深般若
波罗蜜
多時照
見五蘊
皆空度
一切苦

紫泥·梨形壶

该壶为紫泥梨形壶，容量适中，为300毫升，泥色淳紫古雅，手感如玉，形制精巧，线条流畅，功法含蓄老到，臻于化境。

此壶器形适中，头小底大，似一鸭梨式，腹部圆鼓梨形状，卧足，盖上圆珠钮，截盖拱起与器身相契合，朝天嘴，圈把，呈环状，弯曲自然，弧线流畅优美。流、把手与器身结合处平滑无痕，浑然天成，完全融为一体，展现了壶匠者高超的技艺。器形规整，壶身素洁，壶面包浆温润，稳重敦实。腹部下垂但饱满，内如盛满了丰厚甘甜的汁水，让人有先尝为快之感。望而观之，感觉本器形应属仿生自然之物，构思奇特，做工精致，色泽美艳，可谓天然雕饰，虽表面光素，但仍由内而外显露出一种大方、古朴、典雅之气，堪为仿清代中期梨形壶中的典范之作，是文人雅客把玩的理想器选。

《紫泥·梨形壶》器形工整、典雅大方、泥色纯朴，底款为"阳羡吴娣陶艺"，篆法甚精，堪为当今茶友爱好者紫砂壶之精品。

跋

辛丑秋月，蜿蜒、依畔苏州河的蝴蝶湾一片秋色，岸边的芦苇又茂密丛生，行道树的杨树叶渐渐泛黄了，纷纷扬扬地落在地上，飘在空中，落在小河里，仿佛是金色的小船；唯有枫叶红了起来，在秋风的抚摸下，红得更鲜艳，更惹人喜爱了。为秋天增添了一道亮丽的风景线。在这美好的季节里，我的《原野收藏拾珍》付梓在望。

漫步在河畔熟悉的小道上，依然想起母亲离开已有半年了。此间，我的心情难以表述，既有怅然若失的感怀，又似形影相吊的孤独，更觉难以割舍的悲戚。在这种激情下，我夜以继日、奋笔疾书，完成了新书的写作。其内容主要包括奇石、根艺、瓷陶和杂项四个方面的收藏品，是我退休后完成的第四本书。

上海已然入秋。秋天是美丽的季节，金色的季节，收获的季节。秋之美，也是我此时的心之美。诚然，一本书的完成，仅靠个人的力量是远远不够的，需要更多人的帮助和奉献。本书承蒙文汇出版社编审朱耀华老师和知名人物画家吴耀明老师的辛勤付出，使之顺利完稿，尤其还要感谢的是：上海市收藏协会创始会长吴少华先生、《新民晚报》祝鸣华老师，还有《劳动报》原副总编吕冬发老师、著名编辑梁志伟老师，《上海收藏家》副主编顾惠康老师等，在本书的创作过程中，他们提出许多宝贵的意见，并付出很多心血，在此一并表示衷心的感谢！

俗话说“水滴石穿、贵在持久”。搞收藏，并不是件易事。一则，我的电脑基础生疏，打字困难；二则，我还要在照顾好家中老人的前提下，抽时间搞收藏、写文章。几年来，我坚持始终如一。收藏是一项辛勤的劳动，需要有锲而不舍的精神。俗话说“天道酬勤”。只要有恒心，坚持不懈地努力，一定会取得成功。通过实践，使我深深懂得了收藏不仅是益智怡情的一种爱好，更是博大精深的一门学问，通过收藏，我获得了难以言表的收藏快乐和健康的精神生活。

十余年来，我伏案写作，素笺一叠，笔耕不辍。已完成近两千多篇的书稿，其中近400篇文章先后在《新民晚报》《东方早报》《劳动报》《上海商报》《上海金融报》和《上海收藏家》等市级报刊上公开发表并被许多新闻媒体转载。先后出版了《原野收藏拾趣》（2015年香港经典书局）、《原野收藏拾经》（2018年文汇出版社）、《原野收藏拾粹》（2020年上海三联书店）和《原野收藏拾珍》（2021年文汇出版社）四本著作。其间，围绕藏品，忆藏事、说藏趣、颂文明、扬正气、传历史，蕴含了浓浓的家国情怀，它如实记录了本人收藏过程中的经历，这些文字成为我眷恋收藏学习、实践的真实写照，也是我退休以来漫长心路历程的记载和留痕。

正值党的百年华诞纪念之际，作为一名获得“光荣在党五十年纪念章”的老同志，《原野收藏拾珍》新著的出版，成为我一份具特殊纪念意义的心意之作。同时，也作为我寄情于此书表达对母亲的深切怀念。

王炳奎　辛丑年秋月

图书在版编目（CIP）数据
原野收藏拾珍/王炳奎著.—上海：文汇出版社,
2021.9
ISBN 978-7-5496-3637-2
Ⅰ.①原… Ⅱ.①王… Ⅲ.①收藏–文集
Ⅳ.①G262-53
中国版本图书馆CIP数据核字(2021)第166002号

原野收藏拾珍

著者 / 王炳奎
责任编辑 / 徐曙蕾
装帧设计 / 吴耀明

出版发行 / 文匯出版社
上海市威海路755号
（邮编 200041）
经销/全国新华书店
印刷装订 /上海昌鑫龙印务有限公司
版次 / 2021年9月第1版
印次 / 2021年9月第1次印刷
开本 / 700mm × 1000mm 1/16
字数 / 218千
印张 / 12.25

ISBN 978-7-5496-3637-2
定价 98.00元